AF178716

SUTTON
VERLAG

Der Eingang des Sicherheitsbüros in der Berggasse 41.

Max Edelbacher

WIENS
DUNKLE SEITE

Spektakuläre Kriminalfälle
in der Donaumetropole
1972–2012

SUTTON
VERLAG

DANKSAGUNG

Das Zustandekommen eines Buches hat immer das Zusammenwirken mehrerer Personen als Voraussetzung. Franz Mazanec, selbst ein bekannter Autor, stellte den Kontakt zu Katharina Schmidt-Chiari vom Sutton Verlag her und half mir bei der Gestaltung des Layouts. Andreas Schiel, langjähriger Pressefotograf bei der „Kronen Zeitung", stand mir mit seiner Bildsammlung zur Seite, suchte besondere Fotos seiner Arbeit und seiner Sammlung anhand der Fälle aus – er war praktisch immer vor Ort und wir trafen unzählige Male am Tatort zusammen. Mithilfe des Sutton Verlags konnte dieser Rückblick auf meine kriminalpolizeiliche Tätigkeit umgesetzt werden. Herzlichen Dank an alle, die dieses Projekt unterstützt haben!

BILDNACHWEIS

Manche Bilder stammen aus Zeitungsartikeln von verschiedenen Printmedien wie „Kurier", „Kronen Zeitung", „Die Presse", „Der Standard", „Profil", „News", „Format". Es handelt sich um Kopien der veröffentlichten Artikel, zu deren Nutzung auf Anfrage die Bewilligung erteilt wurde. Der größte Anteil der verwendeten Bilder stammt vom Pressefotografen Andi Schiel, „Kronen Zeitung". Ein weiterer Teil des Bestands stammt aus der Wiener Kriminalchronik, die Harald Seyrl und ich im nicht mehr bestehenden Verlag Edition S im Jahr 1993 veröffentlichten. Die restlichen Bilder stammen aus meiner privaten Sammlung, die sich im Zuge der Polizeitätigkeit zwischen 1972 und 2006 bildete. Die Zustimmung der Pressestelle der Bundespolizeidirektion Wien wurde, wo erforderlich, eingeholt.

Andreas Schiel: S. 2, 11, 37, 48, 56, 60, 61, 63, 65, 68, 78, 79, 83, 84, 85, 89;

Faksimiles verschiedener Zeitungen (Bewilligung erteilt): S. 20, 32, 33, 42, 52, 71, 73, 81, 82, 87, 88, 90;

Edelbacher/Seyrl, Wiener Kriminalchronik, 1993, Edition S: S. 15, 16, 18, 23, 24, 29, 43, 45, 49, 51;

Privatsammlung des Autors: 19, 22, 25, 30, 33, 40, 53, 54, 58, 59, 72, 75

Sutton Verlag GmbH
Hochheimer Straße 59 | 99094 Erfurt
www.suttonverlag.de
Copyright © Sutton Verlag, 2012
ISBN: 978-3-95400-079-1
Druck: Books on Demand GmbH, Norderstedt, Deutschland

INHALTSVERZEICHNIS

EINLEITUNG

Der Sutton Verlag ermöglicht es, die spektakulären Kriminalfälle meiner Zeit als aktiver Polizist, später dann als Special Investigator der AVUS GROUP, veröffentlichen zu können. Zwei Ausstellungen in Wien 2012 und 2013 sind Anlass für dieses Buch. Die Ausstellung „Die Geschichte des Grauen Hauses und der österreichischen Strafgerichtsbarkeit" findet von Juni bis November 2012 im Landesgericht für Strafsachen Wien statt. Die zweite Ausstellung beschäftigt sich mit dem Thema „Glücksspiel". Diese Ausstellung zeigt man von Oktober 2012 bis April 2013 im Wien Museum.

„Kriminalgeschichte ist Kulturgeschichte", stellte Edmund Ehrenfreund unter dem Pseudonym „Ubald Tartaruga" in seinem „Wiener Pitaval" fest. Die persönlichen Erfahrungen, die ich von 1972 bis 2006 bei der Polizeidirektion Wien machte, erleichtern die Aufgabe wesentlich, da ich diese Jahre als Insider erlebte. „Die dunkle Seite Wiens" umfasst die kriminalistisch am wichtigsten erscheinenden Fälle der Jahre 1972 bis 2012. Als Grundlage dienten persönliche Aufzeichnungen, Medienberichte und Erinnerungen aus meiner Tätigkeit bei der Polizei. Das Vorhaben umfasst eine Zeitspanne, in der ich als Vorstand des Sicherheitsbüros agierte. Von 1976 bis 2002 war ich im Sicherheitsbüro als Polizeijurist tätig und arbeitete bei bedeutenden Kriminalfällen hautnah in der damals größten Kriminaldienststelle Österreichs mit. Zuerst arbeitete ich an einigen dieser Kriminalfälle als Referent für die Fachgebiete Diebstahl, Betrug und Fälschung mit den fachlich zuständigen Kriminalbeamten. Ab 1986 fungierte ich als Leiter der Mordkommission und Vorstandstellvertreter und vom 8. Juli 1988 bis 30. Oktober 2002 als Vorstand des Sicherheitsbüros. Nach der Auflösung des Sicherheitsbüros war ich noch einige Jahre am Kriminalkommissariat Süd tätig.

Manche Dokumente und Bilder habe ich aus Interesse an gelebter Kriminalgeschichte aufbewahrt. Positiv zu vermerken ist, dass man nur dann, wenn man mit den Kriminalbeamten, die diese großen Fälle bearbeiteten, eng im Kontakt war, vieles wusste und erlebte, was nicht unmittelbar niedergeschrieben werden kann. Man muss daher manches andeuten oder umschreiben. Infolge des Persönlichkeitsschutzgesetzes können einige Fälle nur sehr reduziert wiedergegeben werden. Schwierige Kriminalfälle, die bis heute nicht gelöst wurden, können nur unter Berücksichtigung kriminaltaktischer Gesichtspunkte eingeschränkt dargestellt werden. Bei Führungen durch Polizei- oder Kriminalmuseen wird immer darauf hingewiesen, dass Kriminalgeschichte auch den Einblick in die Sozial-, Zeit- und politische Geschichte einer Epoche erlaubt. Der umfassende Fundus des Wiener Kriminalmuseums sowie das Archiv des Sicherheitsbüros waren wichtige Quellen zur Gestaltung dieses Buches. Aus der umfangreichen Sammlung, die im Laufe der Jahrzehnte der Tätigkeit angewachsen ist, habe ich die folgenden Fälle ausgewählt.

Das Buch baut auf der „Wiener Kriminalchronik" auf, die 1993 erschien. Da dieses Buch vergriffen ist, wurde ein Teil der damals veröffentlichten Beiträge in dieses Buch eingearbeitet. Quasi als Einstieg nahm ich noch drei Fälle von 1971 dazu, die kriminalistisch sehr prägend waren. Ein Fall hat mit Josef Holaubek zu tun; er war der Polizeipräsident, unter dessen Ära ich zu arbeiten begann und der beim persönlichen Zusammentreffen immer väterlich fragte: „Na, Edelbacher, was gibt's Neues, erzählen sie mir!" Der zweite betrifft den Überfall auf die OPEC. Im Buch „Wiener Kriminalchronik" von 1993 ließen Harald Seyrl und ich politische Delikte weg, was mir einen Vorwurf des legendären Kriminologen Gerhard O.W. Müller aus den Vereinigten Staaten eintrug, der diesen Umstand sehr bemängelte. Professor Müller war von 1978 bis 1984 Chef der Crime Prevention Branch der UNO in Wien und bedauerte diesen Mangel sehr, als ich ihm in Verehrung seiner Person unser Werk, die „Wiener Kriminalchronik", übergab.

Seit 2002 wird die Polizei in Österreich ständig reformiert. Für die Reform unter dem damaligen Innenminister Strasser wurde die deutsche Polizei als Vorbild für die Reform der Kriminalpolizei genommen. Dabei gerät in Vergessenheit, dass die Wurzeln der österreichischen Kriminalpolizei bei der französischen Kriminalpolizei zu finden sind. Als die Reform der Polizei nach den Ereignissen der Revolution von 1848 bevorstand, entsandte Kaiser Franz Josef Anton Ritter v. Le Monnier nach Frankreich und England, den Ländern mit den damals vorbildlichsten Polizeieinrichtungen. Le Monnier brachte das Modell der Sûreté von Paris nach Wien. Danach wurde 1858 das Büro für öffentliche Sicherheit, das Sicherheitsbüro, gegründet. Die Reform der uniformierten Polizei wurde 1876 nach dem englischen Vorbild der Metropolitan Police in London durchgeführt. Noch heute findet sich die Struktur der französischen Polizei in unserem System wieder. Inhaltlich setzte sich der österreichische Kriminologe Hans Gross durch. Nach seinem Handbuch für den Untersuchungsrichter wurden Tatortarbeit, Tatortkoffer, Ermittlungsarbeit und die Durchführung von Einvernahmen strukturiert. Den Nachweis dafür findet man heute sowohl im Hans Gross-Kriminalmuseum in Graz als auch im Wiener Kriminalmuseum.

Auch die Idee, spektakuläre Kriminalfälle, Prozessberichte und Urteile zu sammeln, stammt aus Frankreich. Der französische Adelige François Gayot de Pitaval war in Europa der Erste, der seine Tätigkeit als Rechtsanwalt in Paris dazu nutzte, die bedeutendsten Fälle zu sammeln und in Büchern zu veröffentlichen. Seine Sammlungen wurden in ganz Europa und weltweit Vorbild für viele weitere spannende Zusammenfassungen von „unerhörten" Kriminalfällen.

Meine Tätigkeit bei der Kriminalpolizei zwischen 1972 und 2006 umfasste eine Periode, in der noch die typischen Kriminalisten der österreichischen Schule tätig waren. Auch dabei schlich sich ein französisches Vorbild ein. Der ideale Kriminalbeamte war der, der wie Jean Gabin den Kommissar Maigret verkörperte. Ein Kriminalbeamter, der mit Charakter, Überlegenheit, Witz und Charisma auf sein Gegenüber einging, oft nur eine Augenbraue in die Höhe ziehen musste, um das Gegenüber zu verunsichern und zu einem Geständnis zu veranlassen.

JUSTIZ UND POLIZEI

Die Ausstellung zur Geschichte des Grauen Hauses gibt Anlass, über die Zusammenarbeit von Justiz und Polizei zu reflektieren. Als qualifizierter Zeitzeuge, der diesen Vorgang über einen Zeitraum von nahezu 50 Jahren erlebte, stellt sich mir die Frage, inwiefern sich in diesem Zeitraum konkrete Veränderungen als Folge rechtlicher, organisatorischer und faktischer Rahmenbedingungen vollzogen und was sie bewirkt haben.

Natürlich wurden und werden diese wichtigen Institutionen von den Entwicklungen nach 1945 bis heute massiv betroffen. Die äußeren Rahmenbedingungen führten in Österreich zu maßgeblichen Umstrukturierungen bei Polizei und Justiz, weil die in die Jahre gekommenen Systeme den neuen Herausforderungen nicht mehr entsprechend gewachsen waren.

Europa erlebte mithilfe des Marschallplans nach dem Ende des Zweiten Weltkriegs eine gewaltige wirtschaftliche Aufwärtsentwicklung. In Deutschland und Österreich wurde das als sogenanntes Wirtschaftswunder erlebt. In weiterer Folge entstand in den 1960er-Jahren eine „Freiheitswelle", die dazu führte, dass sich das Autoritätsverhältnis zwischen Bürger und Staat änderte. Die Autoritätsgläubigkeit der 1950er-Jahre wäre heute unvorstellbar. Diese Aufbruchsstimmung wurde aber durch den „Kalten Krieg" gehemmt. Die Angst vor einem atomaren Anschlag und der Machtkampf zwischen den USA und der Sowjetunion führten zu einem massiven Friedenswunsch der Europäer.

Mit den Römischen Verträgen von 1957 wurde das wirtschaftliche Zusammenwachsen Europas, später dann die Gründung der Europäischen Union bewerkstelligt. Das überraschendste Ereignis war wohl der Fall des „Eisernen Vorhangs", dem der Zusammenbruch des Kommunismus in der Sowjetunion vorangegangen war. Die Wiedervereinigung Deutschlands und die zunehmend engere Zusammenarbeit in der EU beschleunigten das Zusammenwachsen Europas. Das stete Wachsen der Europäischen Union zeigt, dass dieser Prozess noch nicht beendet ist.

Für die ganze Welt, für Europa und damit auch für Österreich bedeuteten die Ereignisse vom 11. September 2001 sowie die Finanzkrise im Jahr 2008 sowohl in wirtschaftlicher als auch in politischer Hinsicht enorme Rückschläge. Vor allem die Freiheit des Einzelnen wurde durch die Einschränkungen beim Reiseverkehr aufgrund der massiven Kontrollen und des Rufs nach verstärkten Überwachungsmaßnahmen empfindlich beeinträchtigt.

Der Beitritt Österreichs zur Europäischen Gemeinschaft führte dazu, dass Reformen bei Polizei und Justiz notwendig wurden. Da man sich dem Trend der Internationalisierung nicht verwehren konnte, waren die bis dahin herkömmlichen Organisationsstrukturen und Arbeitsmethoden den modernen Anforderungen anzupassen. Sparmaßnahmen, die durch die Mitgliedschaft in der EU notwendig wurden, ermöglichten es den einzelnen Regierungen, mit weniger Ressourcen mehr Effizienz zu erreichen. Die internationale Kriminalitätsentwicklung, vor allem die offenen Grenzen, führten unter anderem zur Strukturreform der Polizei.

Mit der politischen Wende in Österreich wurde die vor langer Zeit geplante Reform der Polizei, insbesondere die Zusammenlegung von Polizei und Gendarmerie, umgesetzt, die schon der frühere Innenminister Olah in den 1950er-Jahren überlegt hatte. Die Reform wurde in Wien 2001 begonnen und erreichte mit der Zusammenlegung von Polizei und Gendarmerie im Jahr 2005 zunächst ihren Höhepunkt. Mitte 2012 setzte man einen neuen großen Reformschritt: Die Zusammenlegung von Behörden- und Exekutivkörpern. Dadurch wurden schlankere Führungsstrukturen in den Ländern geschaffen.

Die Rollenbilder der Polizisten, Staatsanwälte und Richter wurden durch die Strafprozessreform 2004 mit Wirkung per 1. Jänner 2008 komplett neu definiert. Die Staatsanwaltschaft übernahm die Führungsrolle bei den strafrechtlichen Ermittlungen, die Polizei, die im Verbund des Innenministeriums verblieb, muss der Justiz, den Staatsanwaltschaften im Besonderen, zuarbeiten. Die Richter treffen die maßgeblichen Entscheidungen, vor allem betreffend Eingriffe in die Grundrechte. Anklage und Ermittlung liegen in den leitenden Händen der Staatsanwälte. Das neue staatsanwaltschaftliche Modell von 2008 löste somit das Untersuchungsrichtermodell von 1874 ab. Eine 2011 veröffentlichte Studie der Universität Linz zeigte aber auf, dass sich am Realzustand noch nicht Wesentliches geändert hat. Etwa 90 Prozent der Ermittlungen in strafrechtlicher Hinsicht werden de facto noch immer fast im Alleingang von der Polizei durchgeführt. Ein zweites Defizit dürfte die Wahrung der Rechte der Betroffenen darstellen. Dazu wurde an der Universität Graz eine vergleichende Studie mehrerer Staaten erstellt, wobei die Situation in Österreich nicht besonders vorteilhaft beschrieben wurde. Man stellte fest, dass Rechtsvorschrift und Realität deutlich auseinanderklaffen.

Die aktuelle Einschätzung der Arbeit von Justiz und Polizei durch die Öffentlichkeit zeigt die Stärken und Schwächen der bisherigen Veränderungen deutlich auf. Beide Institutionen erleiden einen gewissen Vertrauensverlust in der Bevölkerung. Die Justiz kämpft derzeit mit einem Imageschaden, da man ihr nicht mehr die Objektivität in dem Ausmaß zutraut wie es vor der Reform der Strafprozessordnung der Fall war. Spektakuläre Ermittlungen, gerade bei Fällen der Wirtschaftskriminalität und Korruption, lassen bei Kritikern eine „Zweiklassenjustiz", mangelnde Effizienz und politische Abhängigkeit vermuten. In den großen Wirtschaftsverfahren und Verdachtsfällen des vermuteten korrupten Agierens, die in Österreich derzeit anhängig sind, erwartet sich die Öffentlichkeit Ermittlungserfolge und Urteile. Man fürchtet, dass Justiz und Polizei an Überforderung leiden und in diesen komplexen Verfahren den Gegnern, die rechtlich bestens beraten sind, nicht gewachsen sein könnten.

Die Polizei wiederum schafft mit den verstärkten Forderungen nach Überwachungsmaßnahmen zur Terrorbekämpfung Misstrauen, was zu einem Vertrauensverlust in der Öffentlichkeit führt. Die gesetzliche Einführung der Vorratsdatenspeicherung

Das Landesgericht für Strafsachen in Wien.

lässt die Einschränkung der Privatsphäre befürchten. Die Politik wiederum achtet die rechtsstaatlichen Prinzipien der Trennung der Gewalten offensichtlich immer weniger. All das zusammen führt zu einer Unzufriedenheit der Bevölkerung. Die zukünftige Entwicklung wird zeigen, ob die Befürchtungen gerechtfertigt sind oder ob es sich nur um vorübergehende Defizite handelt.

PROLOG – EINE ANEKDOTE

Die „Schokoladenseite" des juristischen Dienstes bei der Bundespolizeidirektion Wien war und ist der Inspektionsdienst bei Veranstaltungen. Nach der Absolvierung meiner Dienstprüfungen durfte ich am Polizeikommissariat Innere Stadt Dienst verrichten. Die „Stadt" war gefürchtet, da jede Menge Verwaltungsstrafverfahren anfielen, die von den Juristen abzuarbeiten waren. Aber es gab auch eine wesentlich bessere Chance als in anderen Bezirken, Aufsichtsdienste in diversen Theatern, bei Generalproben und Vorstellungen und in anderen Kultureinrichtungen mit Publikumsbesuch zu verrichten. Besonders am Wochenende gab es oft Vormittagsdienste, die mit Überstunden entlohnt wurden und außerdem kulturell meist ansprechende Darbietungen boten. Die Dienstverrichtung erfolgte vom Juristen in Uniform. Man musste eine Stunde vor Vorstellungsbeginn am Veranstaltungsort anwesend sein, leitete die Kommission, der in der Regel ein weiterer Polizist, ein Feuerwehrmann, ein Techniker und ein Arzt angehörten, führte einen Rundgang durch, um die Bespielbarkeit der Örtlichkeit zu überprüfen. Wichtig war immer die Kontrolle der Fluchtwege und aller Einrichtungen, die im Notfall Schutz des Publikums und der Akteure, meist vor Brand, bedeuteten. Generell musste man für die Aufrechterhaltung der Ordnung und Sicherheit sowie der Einhaltung des Veranstaltungsgesetzes Sorge tragen.

Einen dieser sehr beliebten Dienste absolvierte man als Polizeijurist in der Spanischen Hofreitschule. Diese ist als Vorzeigestätte österreichischer Kultur weltbekannt und bei den Touristen unserer Stadt heiß begehrt. Da es besonders in der Hauptsaison schwer ist, Karten zu bekommen, war ich überglücklich, dass mir ein solcher Aufsichtsdienst an einem Sonntagmorgen zugewiesen wurde. Zu diesen Diensten durfte man nämlich eine Begleitperson mitnehmen. Ich hatte meine Tante aus Chicago zu Besuch und konnte ihr so den langersehnten Wunsch, die Lipizzaner einmal live in der prächtigen Atmosphäre der Hofburg zu erleben, erfüllen. Als Konzeptsbeamter saß man auf dem Balkon und hatte über den schönen Saal einen Rundblick. Die Vorstellung war natürlich ausverkauft, alle freuten sich mit Spannung auf die herrlichen Pferde und ihre Reiter. Auch meine Begleitperson, meine Tante aus den USA, freute sich schon auf die Aufführung. Die Musik begann, die ersten Pferde trabten mit ihren Reitern majestätisch herein. Plötzlich, nicht weit von mir entfernt, bemerkte ich einen leisen Tumult zwischen einem der Billeteure und einer älteren Dame, die in der ersten Reihe saß. Ein Paar, das etwas später erschienen war, stand beim Billeteur und diskutierte offensichtlich heftig mit diesem. Der Billeteur konnte die Neuankömmlinge nicht beruhigen und holte mich zur Hilfe. Als Polizist sollte ich den Diskurs beenden. Was war das Problem? Die späten Gäste, ein deutsches Ehepaar, hatten Sitzplatzkarten in ihren Händen, auf deren Plätze sich eine ältere Dame mit ihrer Begleitung gesetzt hatte. Als die Deutschen, zu Recht, forderten, diese Plätze freizumachen, weigerten sich die beiden Französisch sprechenden Frauen. Das war die erste Schwierigkeit, die sich mir in den Weg stellte, da weder der Billeteur noch ich der französischen Sprache mächtig waren und eine Ansprache in Deutsch oder Englisch nicht angenommen wurde. Die zweite Schwierigkeit war die bereits laufende Darbietung der Spanischen Hofreitschule. Diese erforderte höchste Ruhe, um Pferde und Reiter nicht zu irritieren. Die dritte Schwierigkeit hatte ich mir selbst zuzuschreiben: In der falschen Einschätzung, dass ich diesen Dienst auch ohne Uniform verrichten könnte – meine einzige Uniform befand sich in der Putzerei – war ich in Zivilkleidung zum Dienst erschienen, lediglich ausgerüstet mit Dienstausweis und Kokarde. Meine polizeiliche Intervention bei den beiden Französinnen endete in einem Desaster. Meine Autorität als Polizeibeamter durch Vorweisen des Dienstausweises und der Kokarde wurden in keiner Weise von den beiden resoluten Damen akzeptiert. Sie interessierten sich wesentlich intensiver für die Vorstellung als für die „unnötige" Komplikation mit dem Billeteur und dem Polizisten.

Gerade bevor mich die totale Ratlosigkeit erfasste, machte ich aber eine rettende Entdeckung. Hinter mir und dem Billeteur verbarg sich ein schüchterner Mann, der das Geschehen interessiert verfolgte. Ich sprach den Mann an und wollte ihn eigentlich nur fragen, ob er mir behilflich sein könnte. Groß war die Überraschung, als sich herausstellte, dass der Mann erstens Deutsch sprach, zweitens Franzose und drittens Ehemann einer der resoluten älteren Damen war. Es war eindeutig, dass er sich aus der Diskussion heraushalten wollte. Nur mein Instinkt rettete mich aus der Notlage. Bald wurde klar, dass den drei Franzosen von einem betrügerischen Kartenverkäufer Stehplätze als Sitzplätze verkauft worden waren. Die beiden Damen waren der Meinung, zu Recht auf den Sitzplätzen Platz genommen zu haben. Als das „Missverständnis" aufgeklärt werden konnte, die beiden Damen aber noch immer keine Anstalten machten, „ihre" Plätze zu räumen, gelang mir ein Deal: Die Deutschen, die noch jünger und rüstiger als die Franzosen wirkten, waren damit einverstanden, den Differenzbetrag zwischen Sitz- und Stehplätzen als Entschädigung entgegenzunehmen. Der französische Ehemann bezahlte und die Vorstellung war gerettet. Ich war heilfroh, mit einem „blauen Auge" aus der misslichen Lage herausgekommen zu sein. Weder musste ich „amtshandeln" – die Causa konnte friedlich gelöst werden–, noch musste ich eine Vorfallmeldung verfassen, die unter Umständen auch mir als nicht uniformiertem Aufsichtsbeamten Schwierigkeiten bereitet hätte.

Die Lehre aus der Geschichte: Nie wieder begab ich mich ohne Uniform zu einem Inspektionsdienst. Diese Erfahrung sollte sich in den vielen späteren Dienstjahren als goldrichtig erweisen. Immer wieder gab es insbesondere bei Balldiensten heikle Situationen, die nur als Uniformträger souverän gelöst werden konnten.

ENTFÜHRUNG EINES UNTERNEHMERSOHNS

Am Samstag, dem 2. Jänner 1971, wurde der Sohn eines prominenten Wiener Lebensmittel-
herstellers von zwei zunächst unbekannten Tätern gegen 17.30 Uhr vor dem Wohnhaus
in Wien 18 gekidnappt. Sie entführten ihn mit dem Mercedes, mit dem er nach Hause
gefahren war.

Bald darauf wurde die Familie von den Kidnappern angerufen und eine Lösegeld-
forderung gestellt. Der Entführte durfte seinen Eltern mitteilen, dass er in der Gewalt
bewaffneter Gangster sei. Es wurde von den Tätern ein Geldbetrag in der Höhe von
250.000 Schilling gefordert.

Da der Anruf am Samstag gegen 22.45 Uhr erfolgte, konnte der Geldbetrag erst am
frühen Nachmittag des Sonntags beschafft werden. Der „Weisung" der Täter folgend
wurde der Geldbetrag in ein Zweitfahrzeug der Marke Peugeot der Eltern des Entführten gelegt und das Fahrzeug zum Bestimmungsort nahe von Schloss Schönbrunn
gebracht. Das Fahrzeug blieb unversperrt, damit sich die Täter bedienen konnten. Mit
der Beute in Händen fuhren die Entführer westwärts.

Dank der vom neuen Chef des Sicherheitsbüros, Hofrat Dr. Kuso, eingeleiteten
Aktion „Wienerwald" konnten die beiden Täter durch die Beamten der Autobahn-
gendarmerie Melk festgenommen werden. Das Opfer war 20 Stunden lang festgehalten
worden. Damit konnte der erste Fall einer Entführung in Österreich geklärt werden.
Die Täter wurden zu neun bzw. acht Jahren schweren Kerkers wegen Erpressung, Raub
und Diebstahls rechtskräftig verurteilt.

„I BIN'S, DEIN PRÄSIDENT"

Am 5. November 1971 fand ein spektakulärer Ausbruch aus der Strafanstalt Stein statt. Wahrscheinlich wird es der am stärksten in Erinnerung bleibende Fall der Strafanstalt bleiben. Während der Einvernahme von elf Häftlingen in der Strafanstalt bemächtigten sich drei der Häftlinge der Waffen der Justizwachebeamten, die sie bewachen sollten, und stellten der Gefängnisverwaltung ein Ultimatum. Die drei Männer forderten ein Auto, freies Geleit, Zivilkleidung und 100.000 Schilling. Man ging auf die Forderungen teilweise ein. Das geforderte Fahrzeug und Zivilkleidung wurden gewährt. Den Geldbetrag erklärte man in der kurzen Zeit nicht besorgen zu können, was von den Geiselnehmern akzeptiert wurde. Die Täter nahmen zwei Geiseln, den Untersuchungsrichter und den Chef der Stadtpolizei Krems, der sich freiwillig zur Verfügung stellte, im Fahrzeug mit. Die Ausbrecher wählten Wien als Ziel ihrer Flucht. Dort erzwangen sie vom Generaldirektor für die öffentliche Sicherheit, Dr. Peterlunger, und vom Wiener Polizeipräsidenten freies Geleit und versprachen als Gegenleistung, die beiden Geiseln freizulassen. Dieses Versprechen hielten sie aber nicht ein. Am 8. November 1971 konnte das Sicherheitsbüro unter Leitung von Polizeipräsident Josef Holaubek das Geiseldrama beenden. Der dabei gefallene Ausspruch des Polizeipräsidenten, „I bin's, dein Präsident", machte ihn weltweit bekannt. Zwar soll er nur gesagt haben „Ich bin's, der Präsident" – aber wir Wiener lieben den ihm zugeschriebenen Ausspruch.

Die drei Ausbrecher wurden wegen Aufruhr, Erpressung, Raub und unbefugter Waffenbesitz zu schwerem Kerker verurteilt.

Josef Holaubek konnte die Ausbrecher zum Aufgeben überreden.

DER ERSTE SERIENMÖRDER DER ZWEITEN REPUBLIK

Der erste Serienmörder in der Zweiten Republik ist einer der wenigen hier vorgestellten Häftlinge, die noch leben und sich in Haft befinden. 1971 versetzte „Der Gasmann" alte Menschen in Wien in Angst und Schrecken. Der zunächst unbekannte Täter, der fallweise auch mit einem Mittäter agierte, verschaffte sich unter dem Vorwand, Gasgeräte zu kontrollieren, Zutritt in die Wohnungen betagter, meist alleinstehender Frauen. War er einmal in der Wohnung, griff er die Opfer tätlich an, beraubte und bestahl sie. Fast alle verstarben kurz nach der Tat an ihren Verletzungen, die der Täter mittels Handkantenschlägen verursachte.

Das Sicherheitsbüro warnte die Bevölkerung, organisierte verstärkte Streifen, trotzdem konnten die beiden Männer ihre Überfälle auch über die Wintermonate 1971/72 fortsetzen. Die Wende ergab sich, als eine Augenzeugin bei der Polizei eine so ausgezeichnete Beschreibung des Hauptverdächtigen lieferte, dass der Zeichner ein exaktes Phantombild anfertigen konnte.

Als in der Nacht zum 12. Februar 1972 zwei Bewohnerinnen eines Pensionistenheims in Hietzing überfallen wurden, verständigten sie über Notruf die Polizei. Der Täter hatte sich ihnen gegenüber nicht als Gaskassier, sondern als Kriminalbeamter ausgegeben. Die Opfer erkannten anhand des Phantombilds den Haupttäter, der daher von den Fahndern noch am selben Tag in einem Café in Hietzing festgenommen werden konnte. Der Verdächtige legte ein umfassendes Geständnis ab. Er hatte meist allein, aber auch gemeinsam mit einem Komplizen die Raubüberfälle begangen. Sieben Morde konnten nachgewiesen und umfangreiche Beute sichergestellt werden.

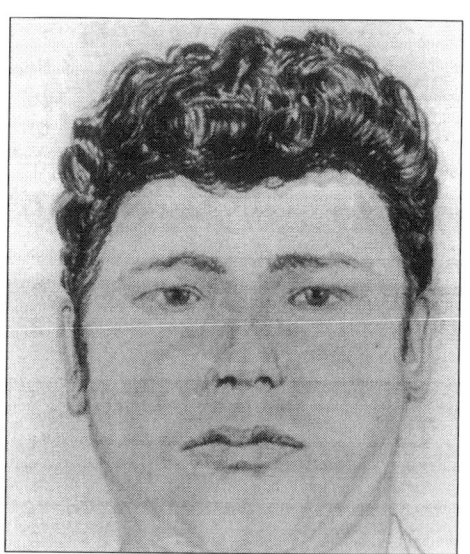

Der Haupttäter wurde am 7. Februar 1974 von einem Schwurgericht im Landesgericht für Strafsachen Wien zu lebenslanger Haft, sein Komplize zu 18 Jahren Kerker verurteilt.

Das Phantombild führte zum Täter.

TOD EINES JUGOSLAWEN

In den frühen Morgenstunden des 9. Mai 1972 wurde das Wachzimmer Patrubangasse verständigt, dass am Ajax-Sportplatz in Wien 10, Absberggasse 187, die Leiche eines Mannes liege. Die kurze Zeit später eingetroffene Kommission des Sicherheitsbüros stellte fest, dass der Tod des jungen Mannes vermutlich durch vier Messerstiche eingetreten war, eine Ansicht, die wenig später durch den Gerichtsmediziner bestätigt wurde. Die Identität der Leiche blieb vorerst ungeklärt, da man bei dem Toten keinerlei Papiere vorfand.

Am 19. Mai 1972 wurde in der TV-Sendung „Aktenzeichen XY ungelöst" die Öffentlichkeit zur Agnoszierung des unbekannten Mannes aufgerufen. Vom Abformmaterial des Büros für Erkennungsdienst, Kriminaltechnik und Fahndung (EKF) der Bundespolizeidirektion Wien wurde eine Moulage vom Kopf des Mordopfers angefertigt, die in der Fernsehsendung eingeblendet wurde. Die in der Folge eintreffenden Hinweise erwiesen sich jedoch als negativ.

Am 27. Mai wurde das Sicherheitsbüro verständigt, dass man die dem deutschen Bundeskriminalamt in Wiesbaden übermittelten Fingerabdrücke identifiziert habe. Sie konnten einem 1949 geborenen jugoslawischen Staatsbürger zugewiesen werden, der seit 1971 als politischer Flüchtling in Bayern gelebt hatte. Wie alle Flüchtlinge war er in Deutschland routinemäßig daktyloskopiert worden.

In mühevollen Recherchen konnte der Weg des Mordopfers von Deutschland nach Wien verfolgt werden. Am 7. Mai war der Mann noch in Linz gesehen und erkannt worden, wobei bekannt war, dass er einen Fotoapparat, Bargeld und Papiere mitführte. Die Fahndung nach diesen nicht mehr bei der Leiche gefundenen Gegenständen verlief ergebnislos, ebenso blieben Täter und Motiv der Tat bis heute unbekannt.

Der Fall spiegelt den Wandel in der Gesellschaft wider. Der wirtschaftliche Aufschwung brachte viele Fremdarbeiter aus dem Balkanraum nach Deutschland und Österreich. Damit wurde die Polizei zusehends auch mit Kriminalfällen dieser Menschen, sowohl als Opfer als auch als Täter, konfrontiert. Die Schwierigkeiten der Ermittlungen zeigten auch die Notwendigkeit einer internationalen Polizei-Zusammenarbeit.

RAUBMORD IM ELEKTROGESCHÄFT

Am 28. August 1975, gegen 13.30 Uhr, kam ein Medizinstudent mit seinem Schwager zu einem Elektrogeschäft in Wien-Alsergrund. Sie fanden die Eingangstür versperrt vor. Innen an der Eingangstür hing eine Tafel mit der Aufschrift „Bin im Lager". Der Student wusste aus seiner früheren Tätigkeit bei der Inhaberin des Ladens, dass sie diese Tafel nur dann vorhängte, wenn sie sich tatsächlich im Lager aufhielt.

Die beiden Männer warteten also einige Minuten vor dem Geschäft und erst dann schaute einer der beiden durch die Glastür. Dabei erblickte er im Verkaufslokal einen Mann, der zur Eingangstür oder zumindest in diese Richtung sah. Der Mann machte kehrt und verschwand in den Verbindungsgang zum Lager.

Zunächst nahmen die beiden Männer an, die Ladeninhaberin hätte eine Aushilfskraft beschäftigt. Sie entfernten sich vom Geschäft und kamen einige Zeit später zurück, als ein ihnen unbekannter Mann, wahrscheinlich der Täter, ihnen entgegenkam. Da das Geschäft nicht abgesperrt war, begaben sie sich in das Geschäft, konnten aber die Inhaberin nicht im Verkaufsraum antreffen. Im Verbindungsraum zum Lager fand der Student sie dann tot auf dem Boden liegen. Als Todesursache wurde Erwürgen festgestellt.

Der Täter, ein etwa dreißigjähriger Mann, hatte Geld in unbekannter Höhe, Schlüssel und Kleinigkeiten erbeutet. Trotz langer intensiver Ermittlungen durch das Sicherheitsbüro konnte der Mord bis heute nicht geklärt werden.

Der Tatort Elektrogeschäft.

TERRORISTISCHER ÜBERFALL AUF DIE OPEC

Unter dem Decknamen Carlos drang Ilich Ramírez Sánchez aus Venezuela mit einem internationalen Kommando von sechs Terroristen am 21. Dezember 1975 in das Gebäude der OPEC (Organisation erdölproduzierender Länder) in Wien 1, Dr.-Karl-Lueger-Ring, gegenüber der Universität Wien ein. Dem Terroristen-Kommando gehörten Hans-Joachim Klein, Gabriele Kröcher-Tiedemann, beide aus Deutschland, und vier weitere Terroristen aus Palästina an. Sie nahmen 70 Personen als Geiseln, darunter elf Minister. Im Zuge eines Feuergefechts wurden ein Sicherheitswachebeamter getötet und ein zweiter Polizist verletzt. Ein unbewaffneter Kriminalbeamter, der flüchten wollte, wurde ebenfalls getötet.

Die Terroristen ließen im Laufe der anschließenden Verhandlungen einen Großteil der Geiseln frei. Mit einigen Geiseln, darunter Ministern, flüchteten sie nach Schwechat und von dort mit dem Flugzeug aus Österreich in den arabischen Raum. Es dauerte fast vier Jahre, bis man endlich eine Spur der Täter aufnehmen konnte. Die Franzosen trugen den Hauptanteil daran, dass viele Jahre später sogar Carlos ausgeforscht und festgenommen werden konnte. Dieser Anschlag zählt zu den blutigsten in der Geschichte der Zweiten Republik.

Das ehemalige OPEC-Gebäude.

DIE MERCEDES-BANDE

Ab 1975 begann in Europa eine Welle von Diebstählen von Kraftfahrzeugen der Luxus-klasse, insbesondere waren Mercedes der S-Klasse betroffen. So wurden allein in einem Sommer in Wien 40 Mercedes gestohlen. Die Wagen wurden über die Tschechoslowakei und Jugoslawien in den Vorderen Orient verschoben und vorwiegend an Scheichs verkauft.

Dank der ausgezeichneten Zusammenarbeit zwischen den Polizisten in Deutsch-land, Österreich und Ungarn gelang es, die Bande der organisierten Autoverschieber an der burgenländischen Grenze festzunehmen. Unter den vier Fahrzeugen, die in der Beethoven-Tiefgarage aufgefunden werden, befand sich auch der Mercedes des damali-gen Finanzministers Hannes Androsch.

Die Täter wandten eine neue Methode des Kraftfahrzeugdiebstahls an, wodurch sie die Autos nahezu in Sekundenschnelligkeit stehlen konnten. Der Drahtzieher der Bande konnte ausgeforscht werden. Er und seine Diebsgenossen hatten die Diebstahlsmethode entwickelt, die sogar die Sindelfinger Mercedes-Ingenieure neugierig machte. Der Haupttäter wurde zu sieben Jahren Freiheitsstrafe wegen gewerbsmäßigen Kraftfahr-zeugdiebstahls und Hehlerei verurteilt.

Damals zeigte sich, dass die direkte internationale Zusammenarbeit der Kriminal-beamten in Wien, München und Ungarn einen Erfolg ermöglichte, der nur aufgrund der sehr persönlichen Kontakte der Polizisten möglich war – ein Schlüsselerlebnis, das in der weiteren Polizeiarbeit richtungsweisend wurde.

Die Pressemeldungen in der Tageszeitung „Kurier" vom 17. Juni 1976.

MODERNE FORMEN DES KRAFTFAHRZEUGDIEBSTAHLS

Die Vereinigung Kriminaldienst Österreich (VKÖ) führte am 16. und 17. Februar 2012 gemeinsam mit dem Landespolizei-Kommando Salzburg eine eintägige Schulung für Spezialisten der Polizei und Versicherungen des In- und Auslands zur Kraftfahrzeug-diebstahlsbekämpfung im Landespolizei-Kommando Salzburg, Alpenstraße 60, durch. An die 60 Teilnehmer aus Deutschland, Italien, der Schweiz und Österreich wurden von einem internationalen Team in die nach heutigem Wissenstand modernsten Methoden des Kraftfahrzeugdiebstahls eingeführt. Die Seminarinhalte wurden von Detlev Burgartz, früher Diebstahls- und Betrugsspezialist des Deutschen Gesamtverbandes der Versicherungen, seit 2010 Chef der Pro-Versicherer-Gruppe, Köln/Deutschland, Manfred Göth, Chef des Kriminaltechnischen Prüflabors und Sachverständigenbüros, Mayen/Deutschland, André Patzold, Geschäftsleiter bei Hitzing+Paetzold, Gladbeck/Deutschland, und Voskan Pehlivanyan, Chef von Edilock, Automatische Software Developing, Burgas/Bulgarien, gestaltet. In zwei Schritten wurden theoretisches Wissen und praktische Erfahrung in den Modulen Technik und Elektronik diskutiert und Antworten zu Fragen Schlüsselkompetenz, komplexe Elektronik, Beweissicherung, Analyse technischer Informationen, Lehren aus Fehlern und Methoden der effizienten Internet-Recherche erarbeitet.

Besonders neugierig war man auf die praktischen Vorführungen des bulgarischen Experten. Die Lebensgeschichte von Voskan Pehlivanyan zeigt eine schillernde Seite als Hacker. Heute arbeitet er als Berater und Experte für die Volkswagengruppe und für Audi-Produkte. Sein Wissen ist auch bei BMW und Mercedes gefragt. In der Werkstätte des Landespolizeikommandos Salzburg wurden anhand von Fahrzeugen die mechanischen und elektronischen Angriffsmethoden demonstriert. Es war faszinierend zu beobachten, wie mit dem „Little Joe" innerhalb einer Minute in die scheinbar bestgesicherten Fahrzeuge eingedrungen werden konnte, ohne dass eine Beschädigung erkennbar war. Die elektronische Ausspähung von Fahrzeugsteuergeräten, Transpondern, Fahrzeugsoftware und die Neu-Konfiguration von Nachschlüsseln konnte direkt vor Ort beobachtet werden.

Wichtig waren den Teilnehmern das persönliche Zusammenkommen, der Austausch von Erfahrungen und die Fortsetzung der fruchtbaren Kommunikation. Insofern war das Seminar eine positiv zu bewertende und sinnvolle Aktivität der Vereinigung Kriminaldienst Österreich. Ohne den persönlichen und detailreichen Einsatz der Kollegen der Landessektion Salzburg wäre die Realisierung des Key-Management-Seminars nicht möglich gewesen. Vizepräsident Franz Scheucher bedankte sich bei der Verabschiedung bei den Vortragenden und Teilnehmern für die positive Gestaltung des Seminars.

TERRORISTISCHE GELDBESCHAFFUNG

Am 14. Dezember 1976, um 14.50 Uhr, ereignete sich einer der brutalsten Bankraub-überfälle, die man je in der Stadt Wien erlebt hatte.

Zwei maskierte Täter, ein Mann und eine Frau, stürmten mit Pistolen bewaffnet in die Ausweichfiliale der Creditanstalt-Bankverein in Wien-Innere Stadt, Kärntner Straße 53. Die beiden Täter hielten die 15 Bankangestellten und zehn Kunden in Schach und zwangen den Hauptkassier, das gesamte Geld aus dem Tresor herauszugeben und in Plastiksäcke zu stecken. Sie erbeuteten auf diese Weise an die drei Millionen Schilling.

Die flüchtenden Bankräuber wurden von Passanten verfolgt. Der Polizist Otto Korch versuchte, den Tätern den Weg abzuschneiden, worauf die Frau sofort das Feuer auf ihn eröffnete. Der Beamte wurde verletzt, schoss dennoch zurück, worauf auch der zweite Täter ihn unter Beschuss nahm. Der Beamte musste in Deckung gehen.

Beim Büro der türkischen Fluggesellschaft versuchte der dort diensthabende Sicherheitswachebeamte Ludwig Hammerl, die Gangster zu stoppen, was jedoch ebenso misslang.

Als sich die Täter in der Nibelungengasse mit Waffengewalt eines Taxis bemächtigen wollten, konnte der Taxifahrer durch Gasgeben die Frau außer Gefecht setzen. Sie wurde als die deutsche Terroristin Waltraud Boock identifiziert, weshalb sich die Staatspolizei in die Ermittlungen einschaltete. Das Urteil lautete auf zwölfeinhalb Jahre Freiheitsstrafe wegen Raubs, Widerstands gegen die Staatsgewalt und unbefugten Waffenbesitzes.

Waltraud Boock wurde 1978 nach Westdeutschland abgeschoben.

Waltraud Boock verweigerte nach ihrer Festnahme jegliche Kommunikation und trat in Hungerstreik. Am dritten Tag griffen die Kriminalbeamten zu einem Trick: Ein Kriminalbeamte verspeiste im Sicherheitsbüro (Foto) genüsslich ein Schnitzel und allein der Duft der Speise schwächte die Täterin dermaßen, dass sie den Hungerstreik abbrach und ihr Schweigen beendete.

ENTFÜHRUNG EINES INDUSTRIELLEN

Am 9. November 1977 wurde der Journaldienst des Sicherheitsbüros von einer Entführung verständigt. Gegen 20.30 Uhr wurde ein damals 74-jähriger Industrieller von unbekannten Tätern vor seinem Wohnhaus in Wien-Währing in eine Schaumgummimatratze gepackt und an einen zunächst unbekannten Ort gebracht. Die Täter meldeten sich bald und forderten 50 Millionen Schilling Lösegeld. Damit hatte sich die erste politisch motivierte Geiselnahme in Österreich ereignet.

Zunächst war das politische Motiv der Tat jedoch nicht erkennbar, daher hatte das Sicherheitsbüro mit der Durchführung der Amtshandlung begonnen, später übernahm die Staatspolizei die Leitung der Ermittlungen. Nach der Überführung von Waltraud Boock 1976 konnte die Polizei Wien auch in diesem Fall eine Klärung erzielen. Zwei österreichische Mittäter wurden wenige Tage nach der Entführung in der Schweiz festgenommen. Vom zuvor übergebenen Lösegeld fehlten 31 Millionen Schilling. Das Landesgericht für Strafsachen Wien verhängte mehrjährige Freiheitsstrafen wegen erpresserischer Entführung gegen die beiden österreichischen Täter.

Innenminister Erwin Lanc gibt anlässlich der Entführung des Industriellen eine Pressekonferenz.

BANDENMÄSSIGE ENTFÜHRUNG

Die Entführung des Industriellen war Vorbild: Wenige Wochen danach entführten zwei maskierte Täter eine Frau, als diese vom Einkaufen zu ihrer Villa in Grinzing zurückkehrte. Am 13. Dezember meldeten sich die Entführer und forderten 100 Millionen Schilling Lösegeld. Mithilfe eines Zeitungsinserats kam es am 17. Dezember zur Lösegeldübergabe – die Täter hatten zuvor ihre Forderung auf 20 Millionen reduziert.

Wäre die Polizei bei der Geldübergabe anwesend gewesen, hätte es eine Schießerei gegeben, denn die beiden Täter warteten mit Maschinenpistolen auf die Lösegeldboten. Beim Anlegen des Geldes konnten sie dann aber festgenommen werden.

Sie wurden als Bande entlarvt und gestanden in der Folge vier Banküberfälle und einen Mordversuch an einem Postbeamten. Im Februar, April und Juni 1977 hatten sie insgesamt 2,4 Millionen Schilling erbeutet. Die Täter wurden zu 20 bzw. 15 Jahren Freiheitsstrafe wegen erpresserischer Entführung und Raubs verurteilt.

Dieser Erfolg war dem legendären leitenden Kriminalbeamten Oberst Franz Hammer zu verdanken, der nicht nur hinsichtlich seiner Persönlichkeit beeindruckte, sondern auch kriminalpolizeiliche Tugenden wie Einsatz, Klugheit, Ausdauer und Selbstlosigkeit in außergewöhnlichem Maße beherrschte.

Anlässlich einer weiteren Entführung hielt die Polizei Wien eine Pressekonferenz ab, dokumentiert in der Tageszeitung „Kurier" im Dezember 1977.

DIE WIENER UNTERWELT

Die kriminelle Szene übt immer eine gewisse Anziehung auf alle Schichten der Bevölkerung aus. Davon war man auch als Kriminalpolizist nicht ausgenommen.

Schon bald nach dem Beginn meiner polizeilichen Tätigkeit mit Schwerpunkt kriminalpolizeiliche Ermittlungen erfuhr ich von erfahrenen Kriminalbeamten, wie problematisch und schwierig es ist, im Feld der sogenannten „Wiener Unterwelt" zu operieren. Polizeibekannt war, dass verschiedene Gruppierungen existierten, die immer wieder um die Vorherrschaft bei Spiel, Nachtgeschäft und Prostitution rangen. Die „Praterpartie", die „Gürtelpartie", die „Schmutzerbuam" – das waren legendäre Namen.

In der Hochzeit der Wiener Kriminellen expandierte der „Wiener Kreis" bis München, Düsseldorf und Hamburg. Der berühmte Einbrecherkönig Heinz Karrer wurde dann auch bei einem Einbruch von der deutschen Polizei erschossen. Karrers letzte große Einbruchsbeute wurde, unbeobachtet von der Polizei, zu seinen Freunden nach Wien gebracht.

Im Jahr 1978 fand man in einem Schließfach in einer Wiener Bank eine vergoldete Pistole. Dieser Fund schien den lang vermuteten Kreis zwischen einem österreichischen Kriminellen – nennen wir ihn A. – und Karrer zu schließen. In der Folge konnten mehrere Straftaten geklärt werden, was zur Verurteilung von A. und seinen Genossen führte. Diese Strafen sind mittlerweile schon getilgt.

Das Problem beim Kampf gegen das organisierte Verbrechen besteht darin, dass die Gruppierungen oft höchst professionell und geschäftsmäßig durchorganisiert sind und die Vermengung legaler und illegaler Geschäfte Ermittlungen und Nachweise über die Quelle von Einkünften immer schwieriger werden lassen. A. war einer der Ersten, die dies erkannt hatten. Er hatte als Angehöriger der „Wiener Galerie" dem organisierten Nachtgeschäft eine neue Struktur verliehen und die Branche nach kaufmännischen und wirtschaftlichen Grundsätzen ausgerichtet.

Die Darstellung des Phänomens der „Organisierten Kriminalität" stammt aus einer Schulungsunterlage des Bundeskriminalamts Wiesbaden.

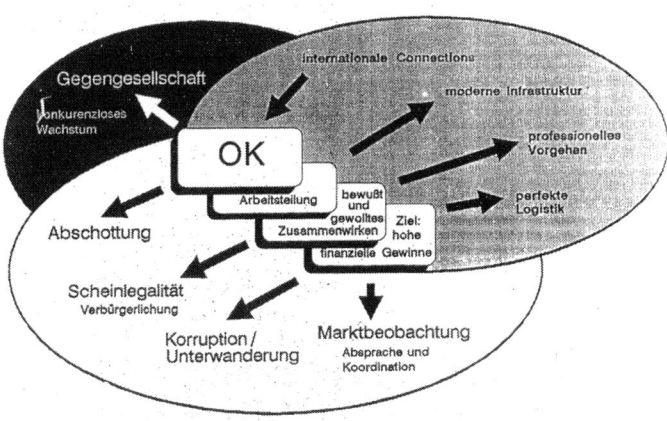

ILLEGALES GLÜCKSSPIEL – DER „STOSS"

Die Wiener Unterwelt hatte zwei hauptsächliche Standbeine: Das Nachtgeschäft mit den Prostituierten und das illegale Glücksspiel. Natürlich gab es noch jede Menge andere Einnahmequellen, aber das Geschäft mit den „Huren" und dem „Stoß" waren sehr einträglich.

Gespielt wurde schon immer. Die Faszination des Spiels liegt in der Begeisterung der Menschen für Magie, Religion und Wahrsagung. Glücksspiel ist in Wirklichkeit moderner Aberglaube. Der moderne Spieler redet sich ein zu glauben, er könne das Schicksal kontrollieren oder die Regeln der Wahrscheinlichkeit austricksen. In Wien gibt es etwa 0,5 Prozent pathologische Spieler und etwa drei Prozent gefährdete Spieler.

In der Wiener Unterwelt wurde das Kartenspiel „Stoß" bevorzugt. Die „Kiberer" wussten genau, wo sich Lokalitäten befanden, in den dieses Spiel gespielt werden konnte. Die berühmten Banden, die „Praterpartie" und die „Gürtelpartie", die das Geschäft mit dem Glücksspiel machen wollten, stritten lang um ihre Einflussgebiete und es gab manch bleihaltigen Kampf, da man die potenten Kunden „an Land" ziehen wollte.

Da ich lange Zeit in Ottakring wohnte und gerne das Ottakringer Bad besuchte, hörte ich dort viele Geschichten von Spielern und Unterweltlern. Lokale wie das „Fünferhaus", das „Elferhaus", das „69er-Haus", der „Weberhof", das „Bambu" waren beliebte Spielstätten, wo oft um sehr viel Geld gespielt wurde. Ich erinnere mich noch an eine sogenannte Spielerstreife, bei der wir erfolgreich den Aufpasser, den „Türlsteher", eliminieren konnten. Die Teilnehmer der Partie waren überrascht und plötzlich lagen hunderte Tausender unter dem Spieltisch und auch die Spielkarten, die plötzlich niemandem mehr gehören wollten.

Illegales Glücksspiel war immer ein Anknüpfungspunkt der „Kiberei", sich mit dem Milieu auseinanderzusetzen. Die Partien hatten in der Regel beim Spiel die „Bank" inne, die im Verhältnis 60:40 im Vorteil war. Wichtig war es, gute Kunden, wohlhabende Geschäftsleute, an das Spiel zu fesseln. Wenn einem Kunden das Geld ausging, wenn er also infolge seiner Spielverluste „flach" wurde, stellten Geldgeber, sogenannte „Saugerln", Geld kurzfristig zur Verfügung. Dafür mussten beachtliche Zinsen bezahlt werden. Beim Eintreiben der Spielschulden war man auch nicht zimperlich. Das „Saugerl" war nicht beliebt, hatte aber eine wichtige Stellung inne. Einige „Saugerln" zahlten für diesen Job mit ihrem Leben.

Der Direktor des Wien Museums, Wolfgang Kos, organisiert vom Oktober 2012 bis April 2013 eine Ausstellung zum Thema „Spiel in Wien" und zeigte sich hellauf begeistert, dass wir tatsächlich noch die Lokalität des ehemaligen Spielerlokals „Bambu" ausfindig machen konnten – das Lokal ist von seinem Interieur her total unverändert. Auch die Menschen, die dort verkehren, sind Originale. Man hat den Eindruck, dass die Zeit dort stehen geblieben wäre.

PROSTITUTION – STANDBEIN DER UNTERWELT

Nach bekannten Quellen begann die Geschichte der Prostitution in Wien etwa im Jahre 50 n.Chr. Zu dieser Zeit kamen die Römer in die Region und gründeten um 100 n.Chr. die Stadt Vindobona. Sie brachten nicht nur den Weinbau, sondern auch die Prostitution mit. Man unterschied zwei Arten von Prostituierten. Die Straßenmädchen, die sogenannten Prostibulae, die freischaffend tätig waren, und die Freudenmädchen in den Freudenhäusern, Lupanarien genannt. Bereits damals ging die staatliche Regelung so weit, dass sich die selbstständigen Dirnen in ein behördliches Register eintragen mussten und dafür eine Art Kontrollkarte, die „Licencia Stupri", erhielten. Diese Kontrollkarte wurde erst wieder im 19. Jahrhundert eingeführt. Bemerkenswert war auch die spezielle Tracht der Prostituierten in römischer Zeit. Sie trugen eine kurze Tunika, darüber eine grüne Toga und in der kälteren Jahreszeit einen weißen Überwurf, der bis zur Taille reichte. Hinzu kamen eine streng angeordnete gelbe Perücke und als Kopfbedeckung eine Tira.

Unter den Habsburgern, die im 13. Jahrhundert in Wien einzogen, wurden die Prostituierten als „gemeine Frauen" bezeichnet. Die erste urkundliche Erwähnung eines Wiener Freudenhauses fand man in einem Freiheitsbrief Herzog Alberts III. aus der Zeit gegen Ende des 14. Jahrhunderts.

Im 16. Jahrhundert verbreitete sich dann die Lustseuche Syphilis, was einen argen Rückschlag für das fröhliche Treiben bedeutete. Im 18. Jahrhundert wurden die besseren Mädchen als „Grabennymphen" bezeichnet, die im Bereich des Wiener Stadtteils Graben anschaffen gingen. Die billigen Prostituierten fand man in den Randbezirken, sie waren als „Bierhäuselmentscher" bekannt.

Stellt man die Frage, wie Prostitution heutzutage abläuft, so muss man wissen, dass sie in Wien nach dem Landesgesetz von 1983 erlaubt ist. In etwa 100 Bars, 240 Bordellen, Massagesalons, Begleitagenturen und Swinger-Clubs üben etwa 1.000 legale Prostituierte diese Beschäftigung aus. Registrierte Prostituierte verfügen über eine Kontrollkarte der Stadt Wien und müssen sich wöchentlich einer Untersuchung ihres Gesundheitszustands unterziehen. So soll der Verbreitung von Geschlechtskrankheiten Einhalt geboten werden.

Organisierte Prostitution war immer ein Standbein der Wiener Unterwelt. Daran hat sich nichts geändert. Heute kommt dem Problem des organisierten Menschenhandels verstärkte Bedeutung zu, da die meisten Frauen aus dem Ausland nach Österreich gebracht werden, um hier dem für andere – nicht für sie – sehr einträchtigen „Gewerbe" nachzugehen.

BLÜTEN AUS WIEN

Im Jahr 1979 stand eine wichtige Entscheidung an. Ich sollte die Tätigkeit in einem zusätzlichen Referat des Sicherheitsbüros wählen. Es gab die Hauptbereiche Gewalt, Diebstahl, Betrug, Fälschung, Suchtgift, Amtsmissbrauch und Menschenhandel. Ich entschied mich für den Bereich Fälschungen und erlebte bis zur Bestellung zum Leiter der Mordkommission wunderschöne Jahre in diesem Referat. Die Zusammenarbeit mit den Kriminalbeamten des Fälschungsreferats, Gruppe Raus, war sensationell gut. Wir verstanden uns auf Anhieb. Die gemeinsame Tätigkeit war angenehm, kooperativ, gegenseitig halfen wir einander aus und teilten uns die Arbeit klug auf. Das Glück des Tüchtigen stellte sich dann auch ein, weil eine Reihe toller Amtshandlungen anfiel, die es bis dahin nicht in diesem Ausmaß gegeben hatte.

Bereits 1980 kam es zu einem großen Fall von Geldfälschungen, wobei nachgewiesen werden konnte, dass diese Fälschungen aus Wien kamen. Mehrere junge Männer, die bis dahin nicht straffällig gewesen waren, waren auf die Idee gekommen, die größte Geldfälschungsaktion der Zweiten Republik einzufädeln. In einer Druckerei in Wien-Mariahilf druckten sie holländische Gulden und amerikanische Dollar im Gesamtwert von ca. drei Millionen Euro (damals 40 Millionen Schilling). Die Banknoten wurden mit fortlaufenden Nummern versehen.

Dann kam der heikle Part der Aktion. Selbst wenn man ausgezeichnete Fälschungen herstellt, stellt die Ausgabe dieser Banknoten immer ein riesiges Problem dar. So war es auch in diesem Fall. Ein wirklich professionelles Verteilernetz stand nicht zur Verfügung – das haben in der Regel nur die organisierten Kriminellen – und so fuhren die fünf Männer mit zwei Autos nach Holland, um das gefälschte Geld dort auszugeben. Bereits in Utrecht scheiterten sie bei der Ausgabe einer 100-Gulden-Banknote, da sie damit eine Zahnbürste kaufen wollten. Die Banknote wurde überprüft und als Fälschung erkannt.

Sieben Stunden nach der Festnahme durch die niederländische Polizei konnten die Beamten der Gruppe Raus des Sicherheitsbüros die Fälscher-Werkstätte ausheben und große Stapel falscher Banknoten, Druckbögen und Fälscher-Utensilien sicherstellen. Die Österreichische Nationalbank bescheinigte hohe Druckqualität. Die jungen Männer wurden vom Landesgericht für Strafsachen Wien zu mehrjährigen Freiheitsstrafen wegen versuchter und vollendeter Geldfälschung verurteilt.

KARFREITAGSMORD

Am Karfreitag, dem 4. April 1980, betrat eine 16 Jahre alte junge Frau ein Haus nahe der Oper, in dem sich ihr Arbeitsplatz befand, und tastete nach dem Lichtschalter. Nachdem sie den Schalter umgelegt hatte, blieb es jedoch dunkel. Sie wollte dennoch die Treppe zur Werkstätte hinaufgehen, als der Täter sich auf sie stürzte und ihr mit einem Messer fünfmal in die Brust und in den Rücken stach. Anschließend flüchtete der Täter blutverschmiert.

Die junge Frau konnte sich noch bis zum Haustor schleppen, dort brach sie bewusstlos zusammen. Um 8.05 Uhr verstarb sie im Rudolfsspital.

Mit diesem Mordfall begann eines der umfangreichsten Ermittlungsverfahren für die Kriminalbeamten des Sicherheitsbüros. Man stellte fest, dass der Täter die Glühbirne aus der Lampe im Gang herausgeschraubt und auf sein Opfer gewartet haben musste. Eine Arbeitskollegin des Mordopfers hatte den Täter im Stiegenhaus gesehen. Nach ihren Angaben wurde ein Phantombild gezeichnet. Die Mordkommission überprüfte an die tausend Männer. Noch nach einem Jahr erreichten zahlreiche Hinweise das Sicherheitsbüro. Besonders anstrengend waren die Ermittlungen für die Zeugin, die hunderte Gesichter ansehen und zahlreiche Wahlkonfrontationen mitmachen musste. All die Anstrengungen haben bisher keinen Erfolg bei den Ermittlungen gebracht. Vor allem ist bis heute unbekannt, warum die junge Frau sterben musste. Was war das Motiv?

Ein Stiegenhaus als Tatort.

HACKENATTENTÄTER

Am Nachmittag des 16. März 1983 ereignete sich auf der Damentoilette der U-Bahn-station Schottenring in Wien-Innere Stadt ein Mordversuch an einem knapp elfjährigen Mädchen. Es hielt sich in einer Kabine der Damentoilette auf, als es jemanden kommen hörte. Nachdem sich das Mädchen zum Waschbecken begeben hatte, bemerkte es hinter sich den Täter.

Als der Täter plötzlich mit einer Hacke auf sie einschlug, ging sie in Deckung und hielt instinktiv die Hände über den Kopf. Da der Täter weiter auf sie einschlug, ließ sie sich fallen und stellte sich tot. Daraufhin ließ der Täter von ihr ab. Das Mädchen konnte dann noch aus eigener Kraft die Toilettenanlage verlassen und Passanten auf sich aufmerksam machen.

Zunächst war von dem Mann nur bekannt, dass er etwa 18 bis 20 Jahre alt war, über 180 cm groß, schlank, mit kurzem schwarzem Haar. Der Täter hatte die Tatwaffe am Tat-ort zurückgelassen. Nach einer Presseinformation konnte anhand dieser Hacke und eines Hinweises der Täter ausgeforscht werden. Bei den anschließenden Einvernahmen gab er zahlreiche Überfälle auf Frauen zu und gestand auch mehrere Einbrüche in Geschäfte.

Dieser Erfolg verdankte sich vor allem einer Schriftführerin im Sicherheitsbüro, die die Kriminalisten auf eine Frau aufmerksam machte, die im Sicherheitsbüro eine Mitteilung machen wollte und der zunächst niemand zuhörte, da alle Beamten viel zu beschäftigt waren und sich keiner Zeit für die Zeugin nahm. Dabei handelte es sich bei dieser Frau um die Mutter des Täters, die die Hacke als seine erkannt hatte. Aber wie so oft im Leben sah man auch in diesem Fall vor lauter kriminalistischen „Bäumen" den Wald, das Ganze, nicht mehr.

Der Täter beging übrigens nach seiner Verurteilung im Gefängnis Selbstmord.

Teil des vom Sicherheitsbüro erstellten Fahndungsplakats.

SCHWARZER KAFFEE

Ein deutscher Kaufmann zeigte am 5. Juli 1984 den Inhaber einer Wiener Speditionsfirma im Sicherheitsbüro an, da offensichtlich ein europaweiter Betrugs- und Fäl-
schungsfall vorlag, dessen Dimensionen man zum Zeitpunkt der Anzeigeerstattung
noch gar nicht ahnen konnte. Der Kaufmann hatte im Dezember 1983 insgesamt 45
Tonnen Rohkaffee über Koper nach Wien geliefert, zu einem Kaufpreis von 1,2 Millionen Schilling (rund 90.000 Euro), der aber nicht bezahlt wurde.

Im Zuge der Ermittlungen gegen den Inhaber der Speditionsfirma und seine Mit-
arbeiterin, die auch seine Tochter war, stellte man fest, dass bei der Verzollung des
Kaffees offensichtlich gefälschte Papiere verwendet worden waren. Zunächst führte die
Spur in die Schweiz, nach Zürich, zu einem angeblichen Bekannten des Wiener Spedi-
teurs, der ebenfalls Inhaber einer Transportfirma war.

Im Oktober 1984 erreichte das Sicherheitsbüro eine weitere Anzeige seitens des
Zollamts Wien und es wurde bekannt, dass eine neue Sendung Rohkaffees, ebenfalls
45 Tonnen, in Wien beschlagnahmt worden war. Wieder waren falsche Papiere bei der
Verzollung vorgelegt worden. Die Internationale Kaffeeorganisation mit Sitz in London
hatte inzwischen eine Warnmitteilung erlassen, dass 36 Sendungen von Hamburg nach
Wien mit gefälschten Papieren ausgestattet wären.

Durch die Zusammenarbeit zwischen dem Handelsministerium, dem Finanz-
ministerium und dem Sicherheitsbüro der Bundespolizeidirektion Wien gelang es,
mithilfe der Internationalen Kaffeeorganisation nachzuweisen, dass insgesamt 39
Transporte von Rohkaffee – etwa 800 Tonnen im Wert von 70 Millionen Schilling (ca.
520.000 Euro) – von Hamburg nach Wien gesandt und zwischen Dezember 1993 und
Oktober 1984 mit falschen Ursprungszeugnissen verzollt worden waren. Die angebliche Transportfirma in Zürich existierte gar nicht. Es konnte nachgewiesen werden,
dass die Drehscheibe dieses riesigen Betrugs- und Fälschungsskandals die Spedition
mit Sitz in Wien war. Die falschen Ursprungszeugnisse waren in einer Fälscherwerk-
stätte in Ottakring hergestellt worden. Dort konnte man noch weitere Fälschungen
sicherstellen.

Die Idee zu diesem Betrug beruhte auf dem Unterschied zwischen Member- und
Non-Member-Kaffee. Die Internationale Kaffeeorganisation unterschied damals zwischen Mitglieds- und Nichtmitgliedsstaaten. In die Nichtmitgliedsstaaten, die ehemaligen Ostblockstaaten, wurde Kaffee um ein Drittel bis zur Hälfte billiger verkauft. Das
brachte findige Köpfe auf die Idee, diese Preisdifferenz zu ihren Gunsten auszunutzen.
Die Urteile: Der Wiener Spediteur und seine Tochter wurden zu drei Monaten Freiheitsstrafe, bedingt auf drei Jahre, sowie zu einer Wertersatzstrafe wegen Verletzung des
Außenhandelsgesetzes und Urkundenfälschung verurteilt.

DIE VERSICHERUNGS-AFFÄRE

Aufgrund der Anzeigen verschiedener Versicherungsgesellschaften konnte der größte gewerbsmäßige Versicherungsbetrugsfall der Geschichte der Zweiten Republik geklärt werden. Die polizeilichen Ermittlungen dauerten über zwei Jahre, an die 300 Akten wurden geführt mit einer Schadenssumme von über 20 Millionen Schilling (ca. 1,3 Millionen Euro), bis der Fall geklärt werden konnte.

In Österreich wurden zu dieser Zeit jährlich an die eineinhalb Milliarden Schilling durch Versicherungsbetrug erbeutet. In diesem Fall war die Verbindung von Kraftfahrzeugshändler und Kunden für die Versicherungswirtschaft besonders gefährlich. Neuwagenkäufern wurden bis zu 50 Prozent Preisnachlass gewährt, unter der Bedingung, dass sie eine Unterschrift auf einer Blankoschadensmeldung leisteten. Vorhandene Schäden wurden absichtlich vergrößert oder Schäden sogar absichtlich herbeigeführt.

Jahrelang konnten der kriminellen Aktivität des Geschäftsführers eines Autohauses keine Schranken gesetzt werden. Das Büro zur Bekämpfung des Versicherungsbetruges kooperierte hier vorbildlich mit der Exekutive.

Das Landesgericht musste am Ende einen noch nie dagewesenen Monsterprozess gegen alle Beteiligten führen, die durchweg verurteilt wurden. Der Geschäftsführer des Autohauses und Drahtzieher des Versicherungsbetrugs wurde Anfang 1985 von Richter Dr. Schön zu fünf Jahren Haft verurteilt.

Unfall fingiert und Millionen kassiert: Versicherungsbetrug

Die Presse berichtete über den groß angelegten Fall von Versicherungsbetrug.

UNHEIMLICHES PECH

Ein alter Spruch lautet: „Wenn man Pech hat, hat man Glück auch keines." Im Mai 1985 flüchtete ein Bankräuber gegen 9.15 Uhr von der Zentralsparkasse in Wien 2, Taborstraße 13, mit dem Panzerwagen nach Wien-Innere Stadt. Dann, so behauptete der Täter später selbst, sei er mit einem Taxi nach Wien 18, zum Wiener Wirtschaftsförderungsinstitut (WIFI), gefahren. Der Taxifahrer konnte trotz mehrfacher Aufrufe in den Medien nie eruiert werden. Gegen 9.45 Uhr sei er beim WIFI gewesen.

Dann sei der Bankräuber mit den zwei Nylonsäcken, in denen sich das erbeutete Geld befand, zur Stadtbahnstation Josefstädter Straße gegangen, wo ihm die 10,7 Millionen Schilling beim Telefonieren gestohlen wurden.

Der Täter wurde zu achteinhalb Jahren Haft wegen Diebstahls verurteilt und Anfang November 1993 aus der Haft entlassen. Seiner Version der Ereignisse nach dem Bankraub, insbesondere, dass er ein „bestohlener Dieb" sei, wurde weder von der Polizei noch vom Gericht geglaubt. Seine Tat erregte viele Gemüter und löste ein sehr starkes Medienecho aus, wobei dem Täter auch viel Sympathie entgegengebracht wurde. Glücklicherweise hatte die Strafe abschreckende Wirkung – es gab kaum Nachahmer.

Im März 2001 gab der Täter einem Nachrichtenmagazin in Salvador, Brasilien, ein Interview. Er lebt dort als Geldwechsler und Edelsteinhändler. Er gestand, dass der Diebstahl beim Telefonieren fingiert war, behauptete aber, dass ihm von der Beute nichts geblieben sei und dass er alles verbraucht hätte.

Ein weiteres Sprichwort sagt: „Wie gewonnen, so zerronnen."

Aus diesem Geldtransporter entnahm der Täter die Geldsäcke.

„SPITZBUBENMORD"

Am 8. Dezember 1985 ereignete sich ein Mordfall, der in Wien großes Aufsehen erregte. Der 42-jährige Prokurist einer populären Heurigenkabarettistengruppe wurde kurz nach 2.00 Uhr in der Tiefgarage einer Wohnhausanlage in Wien-Liesing von zunächst unbekannten Tätern abgepasst und getötet.

Als die Kriminalisten der Gruppe Werth des Sicherheitsbüros am Tatort zur Durchführung der Ermittlungen erschienen, war zunächst nicht klar, ob das Opfer erschlagen oder erschossen worden war. Erst die gerichtsmedizinische Obduktion verschaffte Gewissheit. Eine Augenverletzung, die zunächst als Schlagverletzung diagnostiziert worden war, konnte als Schusskanal nachgewiesen werden.

Die Ermittler hatten einige Rätsel zu lösen. Da die Kriminaltechniker an winzigen Kunststofffragmenten und Splittern, die am Tatort lagen, eine Analyse durchführten, konnte ein Gewehr der Marke Savage Stevens, Modell 35 M, als Tatwaffe eruiert werden. Zwei Burschen konnten von einem Zeugen beschrieben werden, die offensichtlich im zeitlichen Konnex zur Tat standen, da sie beim Verlassen des Wohnparks mit einem Gewehr gesehen worden waren. Sie hatten die Waffe in ein Rollo der Marke „Adler Solux" gewickelt, das einen auffälligen handschriftlichen Vermerk trug.

Die mühsamen Recherchen führten zu den zwei jungen Männern, die dem Geschäftsmann in der Garage aufgelauert hatten, um ihn zu entführen und zu zwingen, den Tresor der Kabarettisten-Pawlatschen in Nußdorf zu öffnen. Da sich das Opfer jedoch weigerte, wurde es niedergeschlagen und nach neuerlicher Drohung, „Das ist deine letzte Chance", erschossen.

Beim Strafprozess versuchten sich die beiden Täter damit zu verantworten, dass sich der Schuss gelöst habe und die Tötung nicht absichtlich passierte. Diese Version konnte letztendlich entkräftet werden und nach zweimaliger Durchführung des Mordprozesses wurde die beiden im Landesgericht für Strafsachen Wien zu mehrjährigen Haftstrafen verurteilt. Den beiden Tätern konnten auch noch andere Delikte, wie Vergehen nach dem Waffengesetz und Raub, nachgewiesen werden.

DER PUMP-GUN-RÄUBER

Im März 1988 hielt ein Mann durch seine spektakulären Bankraubüberfälle Wien in Atem. Das Sicherheitsbüro erließ eine Sofortwarnung: „Am 19.2., 21.3. und 22.3.1988 wurden Bankraubüberfälle durch einen unbekannten Täter mit einer sogenannten Reaganmaske und einer Pump-Gun begangen; der Täter hat kurz vor dem Bankraub jeweils ein Kraftfahrzeug gestohlen, das kurzfristig abgestellt wurde, unversperrt war und bei dem der Zündschlüssel steckte – solche Fahrzeuge sind Risikofahrzeuge und es wäre daher bei der Anzeigeerstattung durch Geschädigte in einem solchen Fall auf die Eventualität eines Bankraubes Bedacht zu nehmen."

Da sich die Diebstähle der Fahrzeuge vorwiegend in den Morgenstunden ereigneten, entwickelte man ein „Überwachungssystem" (Zitat Dr. Günther Bögl), dessen Hauptzielrichtung es war, dem Täter das Entkommen zu erschweren, wenn nicht gar unmöglich zu machen.

Bei der Suche nach dem Täter gelang es den Beamten der Kriminalabteilung Niederösterreich, den Verdächtigen auszuforschen: Der 30-jährige Mann konnte am 11. November 1988 in der Wohnung seiner Lebensgefährtin festgenommen werden. Die Kriminalisten waren beim Studium eines alten Mordaktes auf die Spur des Täters gekommen: Am 12. August 1985 war in Mautern bei Krems ein Mann offensichtlich grundlos in seiner Wohnung ermordet worden. Das Opfer war vor die Tür gelockt und erschossen worden.

Der Täter gestand den Mord ohne Rührung – er konnte sein Opfer nicht leiden, beide besuchten einen WIFI-Kurs in St. Pölten.

Bei der Durchsuchung der Wohnung des Täters wurde ein Schlüssel zu einem Schließfach in einer Bank gefunden. Darin befanden sich Sparbücher und Wertpapiere im Wert von 5,5 Millionen Schilling (ca. 360.000 Euro). Der Täter gestand, acht Bankraubüberfälle in Wien und Niederösterreich begangen zu haben, mit einer Gesamtbeute von 5,8 Millionen Schilling. Bei einer weiteren Einvernahme in der Kriminalabteilung Niederösterreich sprang er aus dem Fenster und flüchtete. Nach einer wilden Verfolgungsjagd wurde der Flüchtige eingekreist und angeschossen und tötete sich in der Folge selbst.

Jahre später, 2001, schrieb Martin Prinz ein Buch über ihn („Der Räuber"), das 2008 von Benjamin Heisenberg verfilmt wurde und bei der Berlinale 2010 für Furore sorgte.

„LUCONA" – LOHNT SICH VERSICHERUNGSBETRUG?

Am 23. Jänner 1977 sank das 1966 gebaute Frachtschiff „Lucona" infolge einer Explosion mitten im Indischen Ozean. Sechs Matrosen kamen um, sechs Menschen wurden Stunden später gerettet. Handelte es sich um einen Unfall oder war der Untergang herbeigeführt worden?

Die „Lucona" war ein 75 Meter langes und elf Meter breites, 1.200 Bruttoregistertonnen starkes Frachtschiff, das mit dubioser Fracht von Chioggia/Italien nach Hongkong unterwegs war. Udo Proksch, ehemaliger Eigentümer der Konditorei Demel am Kohlmarkt in Wien, hatte das Schiff gechartert und die Ladung, angeblich eine Uranerzaufbereitungsanlage, hoch versichern lassen.

Einige Tage nach dem Untergang des Schiffs forderte ein Anwalt im Namen der Firma Zapata von der Bundesländer-Versicherung eine Akontozahlung von mehr als 100 Millionen Schilling. Die Versicherungsgesellschaft begann mit der Prüfung des Falls und überlegte sogar, das Sicherheitsbüro einzuschalten. Der legendäre Versicherungsbetrugsreferent DDr. Herrnstadt wurde kontaktiert. Man fand die „Suppe zu dünn". Erst Jahre später gelang es, den Fall nach mühevoller Arbeit zu klären. Besondere Verdienste erwarben sich dabei die Kollegen der Kriminalabteilung Niederösterreich, Oberst Tranninger und Abt.-Insp. Reiter.

Was als erbitterter Zivilrechtsstreit begann, endete als spektakulärer Kriminalfall, in den höchste Vertreter öffentlicher Ämter der Republik Österreich involviert waren.

Udo Proksch, der den Schadensfall zur Begleichung einreichte, war in Wien als bunter Hund bekannt. Er kannte Gott und die Welt – wie ein Sprichwort besagt. In seinem Club 45 gingen viele wichtige Österreicher aus allen politischen Richtungen ein und aus. Der Club 45 war zwar ein rotes Aushängeschild, aber Udo Proksch pflegte mit allen politischen Lagern beste Kontakte.

Die Anklage gegen Proksch wurde durch die Staatsanwälte Dr. Müller und Dr. Schindler vertreten. Richter war Dr. Leininger-Wester. Udo Proksch verbüßte seine Strafe in Graz-Karlau und verstarb dort am 27. Juni 2001 nach einer Herzoperation.

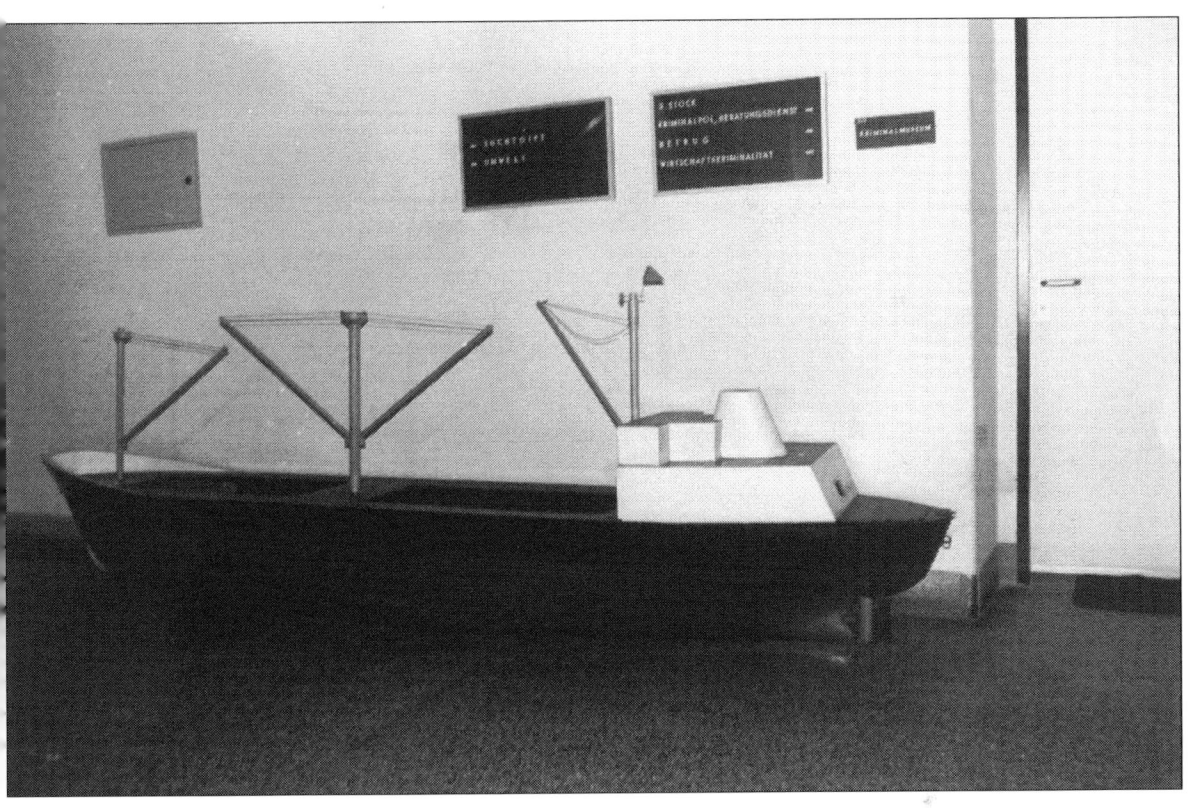

Ein Modell der Lucona.

TATORT OBERLAA

In den frühen Morgenstunden des 26. Oktober 1988 wurde auf einem freien Gelände in Wien 10 eine 20 Jahre alte Frau von einem unbekannten Täter vergewaltigt und erdrosselt. Kurz vorher telefonierte das Opfer nach dem Besuch einer nahe des Tatorts gelegenen Diskothek von einer Telefonzelle aus mit einem Freund, damit dieser sie abhole. Als der Freund eintraf, konnte er die junge Frau nicht finden. Tags darauf wurde nach einer Suchaktion ihre nackte Leiche gefunden. Mit großer Wahrscheinlichkeit ist anzunehmen, dass dieser Mordfall mit einem weiteren Tötungsdelikt an einer Frau in der Per-Albin-Hansson-Siedlung zusammenhängt.

Die jahrelangen umfangreichen Erhebungen im Umkreis des Tatorts, im Umfeld des Opfers sowie die Überprüfung einschlägig vorbestrafter Entlassener erbrachten die Aufklärung einer großen Anzahl anderer Sexualdelikte, der Mord von 1988 konnte jedoch nicht aufgeklärt werden. Schließlich wurde eine neue Methode der Überprüfung aus den USA zur Klärung dieser Straftat angewandt. Profiler des Federal Bureau of Investigation (FBI) besichtigten den Tatort und bestätigten den Verdacht, dass ein Serientäter am Werk war.

Im Zuge der Einführung der DNA-Datenbank im Jahr 1997 wurde bei der Rückerfassung ungeklärter Fälle auch der Mordfall von 1988 berücksichtigt und die gesicherte Spermaspur in die Datenbank eingegeben. Im September 2000 wurde dann ein 34-jähriger Mann wegen Widerstands gegen die Staatsgewalt vorübergehend festgenommen. Im Rahmen der erkennungsdienstlichen Behandlung nahm man ihm einen Mundhöhlenabstrich ab und verglich ihn mit dem vorhandenen DNA-Material. Die Untersuchung des Gerichtsmedizinischen Instituts ergab die Übereinstimmung des Spurenmaterials zwischen dem Tatverdächtigen und dem am Mordopfer von 1988 gefundenen Vergleichsmaterial. Der Täter wurde daraufhin in Wien-Favoriten festgenommen und im Landesgericht für Strafsachen Wien eingeliefert. Er bestritt, den Mord von 1988 begangen zu haben, behauptete jedoch, Sexualverkehr mit dem Opfer gehabt zu haben. Im Dezember 2001 fand der Schwurgerichtsprozess im Landesgericht für Strafsachen Wien statt. Staatsanwalt Dr. Kloyber vertrat die Anklage. Richter Dr. Jilke führte den Prozess. Das Geschworenengericht verhängte einen Schuldspruch, das Urteil lautete 15 Jahre Haft. Die Einweisung in eine Anstalt für geistig abnorme Rechtsbrecher wurde für unbestimmte Zeit verhängt.

DIE KINDERMORDE VON FAVORITEN

Am Vormittag des 3. Februar 1989 fand ein Vater seine zehn Jahre alte Tochter im Dachgeschoss einer Wohnhausanlage in Wien 10 ermordet auf. Bei der gerichtsmedizinischen Untersuchung stellte sich heraus, dass das Mädchen vor seinem Tod missbraucht worden war.

Das Kind besuchte eine Ganztagsschule, von der es am Tag zuvor wie gewohnt aufgebrochen war. Zuletzt hatte man das Mädchen gegen 17.00 Uhr bei der in der Wohnhausanlage befindlichen Trafik gesehen. Es kaufte dort ein Mickey-Mouse-Heft. Zu Hause kam es nicht mehr an.

Eltern, Verwandte und Bekannte leiteten eine Suchaktion ein und erstatteten die Abgängigkeitsanzeige.

Trotz intensiver Suche, auch in der Wohnhausanlage, konnte das Mädchen nicht sofort gefunden werden, was darauf schließen lässt, dass der Auffindungsort der Leiche nicht der Tatort gewesen sein dürfte. Die Art der Auffindung stellte einen Bezug zum Mordfall im vorhergehenden Kapitel „Tatort Oberlaa" her. Hinzu kam der Mord an einem weiteren Mädchen in Favoriten. Die Achtjährige war im Dezember 1990 auf dem Nachhauseweg von einem Verwandtenbesuch, wobei sie Bus und Bahn nutzte. Ihre Leiche wurde am Tag darauf im Laaer Wald gefunden. Es stellte sich heraus, dass auch dieses Kind vergewaltigt worden war.

Trotz umfangreichster Ermittlungen durch die Polizei war damals keine Klärung der drei Morde möglich, obwohl die Kindermorde von Favoriten eine noch nie dagewesene Fahndungsarbeit der Polizei auslösten. Seitens der Beamten des Sicherheitsbüros und der Kriminalbeamten von vielen Bezirken Wiens, vor allem jener aus Favoriten, wurden alle erdenklichen Anstrengungen zur Aufklärung der Delikte unternommen. Insgesamt wurden über 3.000 männliche Personen überprüft. Aufgrund von biologischem Spurenmaterial fertigte das Institut für Gerichtliche Medizin zahlreiche DNA-Analysen an. Die Hoffnung, den oder die Täter zu finden, lebte weiter.

In den Schulen und Kindergärten Favoriten herrschte große Angst. Die Berichterstattung der Medien spiegelte diese Angst nach den Morden an den beiden Kindern wider, vor allem die große Betroffenheit der Eltern und Freunde des letzten Mordopfers war deutlich spürbar.

Die Aufklärung des Mordfalls an der 20-Jährigen im Jahr 2000 bestärkte die Führungskräfte Mag. Max Edelbacher und Dr. Ernst Geiger des Sicherheitsbüros darin, auch andere ungeklärte Mordfälle neu aufzurollen. Etwa zeitgleich war der Vorstandstellvertreter, Dr. Geiger, von einem Kurs an der Polizeihochschule Bramshill/England zum Thema „Cold Case Management" zurückgekommen. Man begann mit der neu gegründeten Analysegruppe Bachmann unter der Leitung von Oberst Hermann

Schweiger und Major Klug des Sicherheitsbüros, den Mord an der Achtjährigen wieder aufzunehmen. Die Ausgangsthese war, dass der unbekannte Täter im Nahbereich des Mädchens zu suchen war. Da das Mädchen sehr scheu gewesen war und keine Kontakte gesucht hatte, musste es sich bei dem Täter um eine ihr bekannte Person gehandelt haben.

Im Mai 2001 wurde aufgrund der Analyse des vorhandenen Aktenmaterials eine Liste erstellt, die 25 Männer umfasste. Diese Personen wurden mithilfe von Beschlüssen des Landesgerichts für Strafsachen Wien zur DNA-Überprüfung veranlasst. Ein 35 Jahre alter Mann konnte zunächst nicht überprüft werden. Ende September 2001 wurde er in der Nähe seiner Wohnanschrift angehalten, es konnten ihm vier Behebungen mit gestohlenen Bankomatkarten nachgewiesen werden. Anfang November 2001 konnte das Büro für Erkennungsdienst und Kriminaltechnik unter Leitung von Hofrat Mag. Felix Schödl bescheidsmäßig die Durchführung eines Mundhöhlenabstrichs anordnen. Ende des Monats lag das Ergebnis vor: Dem Überprüften konnten mit an Sicherheit grenzender Wahrscheinlichkeit die bei der Achtjährigen gesicherten DNA-Spuren zuge-ordnet werden. Das Schwurgerichtsverfahren wurde am Landesgericht für Strafsachen Wien mit dem Urteil zu lebenslanger Haft 2003 beendet.

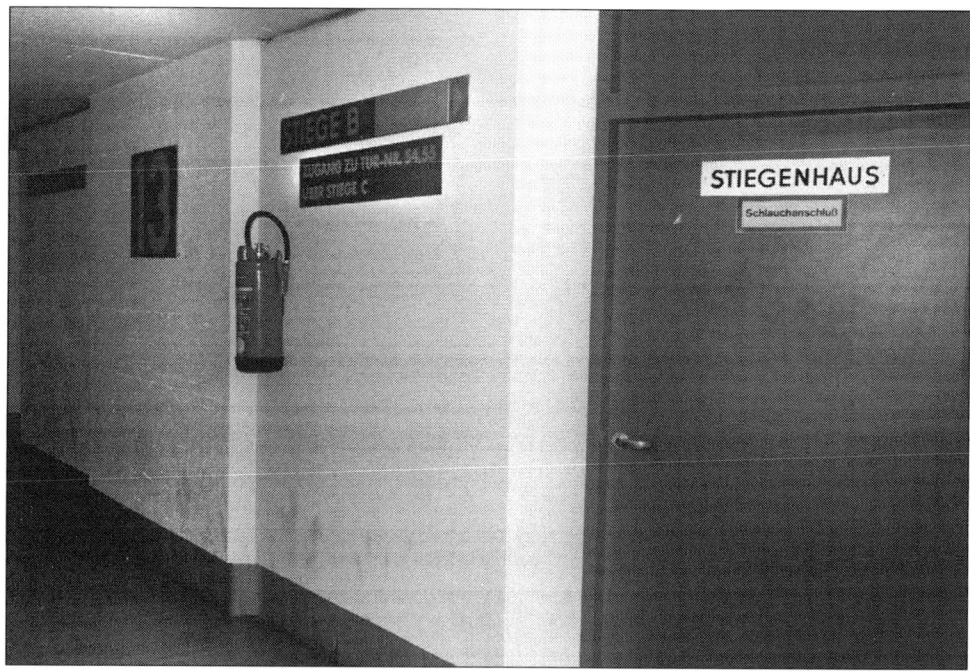

Der Fundort des zehnjährigen Opfers im Stiegenhaus der Wohnanlage in Favoriten.

DER TODESENGEL VON LAINZ

Am 20. April 1988 wurde das Bezirkspolizeikommissariat Hietzing von Univ.-Prof. Dr. Pesendorfer informiert, dass im Krankenhaus Lainz, 1. Medizinische Abteilung, Station D, eine Patientin verstorben wäre, wobei Fremdverschulden durch Verabreichung eines Medikaments nicht ausgeschlossen werden könne. Eine gerichtsmedizinische Obduktion auf Antrag der Staatsanwaltschaft Wien erbrachte im konkreten Fall keinen Beweis für Fremdverschulden. Auch die Ermittlungen der Kriminalbeamten des Bezirks und des Sicherheitsbüros ergaben keine Beweise zur Unterstützung des Verdachts. Zum damaligen Zeitpunkt stieß man auf eine Mauer des Schweigens.

Am 5. April 1989 informierte Stadtrat Dr. Stacher den Polizeipräsidenten Dr. Bögl, dass er von Univ.-Prof. Dr. Pesendorfer in Kenntnis gesetzt worden wäre, wonach sich seit Mitte März 1989 die Verdachtsmomente wegen vorsätzlich falscher Behandlung von Patienten (Verabreichung von Dominal bzw. Insulinspritzen), um den Tod herbeizuführen, verdichtet hätten. Zunächst wurden drei Verdachtsfälle genannt.

Der Polizeipräsident betraute den Leiter der Abteilung 11, Hofrat Dr. Prießnitz, und den Vorstand des Sicherheitsbüros mit den Erhebungen. Ferner wurde der Vorstand des Instituts für Gerichtliche Medizin, Prof. Dr. Holczabek, verständigt. Hofrat Dr. Prießnitz und Mag. Max Edelbacher nahmen sofort mit Univ.-Prof. Dr. Pesendorfer Kontakt auf und erstatteten daraufhin Anzeige, dass Anfang April in drei Fällen von einem unbekannten Täter, der im Kreis des Pflegepersonals der Station D der 1. Medizinischen Abteilung zu suchen sei, Insulin in Überdosis verabreicht worden sei, sodass ein kritischer Zustand der Patienten eingetreten sei. Speziell in einem Fall sei deutlich dokumentierbar, dass der hohe Insulinwert des Patienten durch körperfremdes Insulin entstanden war, also der Patient eine Insulinspritze erhalten haben musste, obwohl dies ärztlich nicht indiziert war.

Aufgrund der schwerwiegenden Verdachtsmomente erließ der Journalrichter des Landesgerichts für Strafsachen Wien Haftbefehle gegen zwei Schwestern, die zum Tatzeitpunkt Dienst gehabt hatten. Die beiden Frauen wurden wegen teils versuchten und teils vollendeten Mordverdachts festgenommen. Bereits auf der Fahrt vom Krankenhaus Lainz ins Sicherheitsbüro gestand eine von ihnen, seit zweieinhalb Jahren „Sterbehilfe" in mehreren Fällen geleistet zu haben.

In der Folge konnte durch die Beamten des Sicherheitsbüros das geklärt werden, was der Vorstand des Instituts für gerichtliche Medizin als eine „der größten Katastrophen – wenn nicht eine Jahrhundertaffäre" bezeichnete. Wie recht Univ.-Prof. Dr. Holczabek leider behalten sollte, zeigen die Dimensionen der Ermittlungen, die damals eingeleitet werden mussten. Es mussten 385 Hinweise überprüft werden, allein 240 Hinweise betrafen die Station D. Alle Angehörigen des medizinischen Personals und des Pflege-

Max Edelbacher diskutiert die Krankenhausmorde von Lainz mit Bürgermeister Helmut Zilk im ORF.

personals waren zu vernehmen. Durch die hervorragende Zusammenarbeit mit Staatsanwalt Dr. Kloyber, Untersuchungsrichterin Dr. Keil und dem Institut für gerichtliche Medizin, wo praktisch alle Kapazitäten in die Bearbeitung des Falls eingebunden waren, gelang es, die vorhandenen Geständnisse mit Sachbeweisen zu untermauern. Mühe und Fleiß all dieser Kräfte zur Aufklärung des größten Kriminalfalls in der Geschichte der Zweiten Republik wurden in der 88 Seiten umfassenden Anklageschrift dokumentiert.

Am Ende konnte man vier Täter benennen, denen 20 Morde zur Last gelegt wurden. Alle erhielten langjährige, teils lebenslange Haftstrafen. Die Urteilssprüche wurden vom OGH bestätigt.

Mitte Juli 2008 überraschte die Mitteilung des Bundesministeriums für Justiz, dass die beiden Haupttäterinnen nach Verbüßung von mehr als 19 Jahren Strafhaft aus dem Frauengefängnis in Schwarzau entlassen werden. Die beiden Frauen werden als rehabilitiert angesehen und leben seit ihrer Haftentlassung unter neuen Identitäten.

RAUB UND MORD IN DER LEOPOLDSTADT

UND IN BRIGITTENAU

In den Monaten September bis November 1990 herrschte in den Bezirken Leopoldstadt und Brigittenau Angst und Schrecken unter den älteren Menschen. Ein zunächst unbekannter Täter verschaffte sich Zutritt zu den Wohnungen der Opfer und beging dann unter Gewaltanwendung Raub- und Misshandlungsakte. Das erste Opfer wurde am 21. September gegen 10.00 Uhr in seiner Wohnung in Wien-Leopoldstadt überfallen und beraubt. Der Täter misshandelte die 96-Jährige, nachdem sie ihn in die Wohnung gelassen hatte, und fesselte sie, indem er ihr mit einer Strumpfhose die Hände auf den Rücken band. Beim Durchwühlen der Wohnung erbeutete er an die 80.000 Schilling. Das Opfer konnte aufgrund des hohen Alters keine zweckdienlichen Angaben über den Täter machen.

Entscheidend waren die Ermittlungen zu einem Raubmord. Das Opfer, eine 94-jährige Frau, verbrachte den Nachmittag des 1. November 1990 in einem Gasthaus in Wien 2, da dort, wie an jedem Donnerstag, das Sparvereinstreffen stattfand. Gegen 19.00 Uhr verließ sie das Gasthaus. Zwischen 19.00 und 20.00 Uhr hörte eine Nachbarin einen kurzen Schrei und langanhaltendes Poltern. Der Täter hatte die Frau, wie sich später herausstellte, im Gasthaus beobachtet, verfolgt, sich in die Wohnung gedrängt, sie misshandelt und mit einem Würgegriff getötet. Er raubte Schmuck und Bargeld. Aufgrund eines Hinweises gelang es, den Täter auszuforschen und am 11. November 1990 festzunehmen. Mittels eines Messers, das er am Tatort verloren hatte, wurde er überführt. Urteil: lebenslange Freiheitsstrafe wegen schweren Raubes mit tödlichem Ausgang und Einbruchdiebstahls.

Der Schauplatz eines Raubmordes in Wien 2.

DER GROSSE POSTRAUB

Der wohl spektakulärste Raubüberfall auf einen Geldtransport in Österreich fand am 9. April 1990 zwischen 21.00 Uhr und 21.05 Uhr zwischen Kirchstätten und Ollersbach statt. Zunächst unbekannte Täter überfielen auf der Westbahnstrecke in Niederösterreich den Postwaggon eines Regionalzugs, der sich auf der Fahrt in Richtung Wien befand. Dabei wurde der Postbeamte erschossen. Die drei Täter erbeuteten 35 Millionen Schilling (mehr als 2,5 Millionen Euro).

Die Rekonstruktion des Tathergangs erfolgte am 10. April 1990 in Schildberg, da man annahm, dass die Täter den fünfminütigen Aufenthalt dort genutzt hatten, um in den Waggon zu gelangen. Die Rekonstruktion ergab, dass ein Täter durch das Toilettenfenster des Bahnpostwaggons geklettert und dann seinen Mittätern die Tür geöffnet hatte.

Anfangs führten die Beamten des Sicherheitsbüros und der Kriminalabteilung für Niederösterreich die Ermittlungen gemeinsam durch. Es wurde dann vereinbart, dass die Kriminalabteilung die Amtshandlung übernehmen solle. Durch die intensiven Bemühungen der Kollegen der Kriminalabteilung Niederösterreichs und nach einem Hinweis von Oberst Maringer gelang es 1993, die größte Straftat, die sich jemals im Raubsektor in Österreich ereignet hatte, zu klären. Wesentlichen Anteil daran hatte die Existenz der Mitteleuropäischen Polizeiakademie – eine Idee des Polizeipräsidenten Dr. Günther Bögl. Die Kollegen aus der Slowakei und Österreich trafen hier zusammen und ermöglichten den Erfolg in diesem Fall.

Der Haupttäter und sein Kreis waren bereits 1985 nach einem Überfall in Vösendorf unter Verdacht geraten. Bereits am 18. Juni 1984 wurde die Creditanstalt in der Shopping City beraubt. Und am 18. Juli 1983 erfolgte ein Geldtransportdiebstahl zum Nachteil der Meinl Bank in Wien. Die Täter erbeuteten somit zwischen 1983 bis 1990 in Österreich knapp 50 Millionen Schilling und errichteten in ihrem Heimatland, der Slowakei, damit ein Wirtschaftsimperium. Der Drahtzieher der Bande war sogar als slowakischer Minister im Gespräch. Er wurde von einem Geschworenengericht in St. Pölten zu einer langjährigen Haftstrafe verurteilt.

Diese Kriminalgeschichte fand nach 15 Jahren eine Fortsetzung. Bis dahin war nur der Chefplaner des Postwaggonraubs in Österreich zu 20 Jahren Haft verurteilt worden. Die Aufklärung der Tat war einer der größten Erfolge der legendären Gruppe Windisch. Durch eine Zeitungsmeldung in der „Kronen Zeitung" vom 17. Februar 2005 wurde bekannt, dass das Gericht in Trenzin/Slowakei die drei Mittäter zu je zehn Jahren Haft verurteilt hatte. Damit hatte der Raubmord seine späte Sühne erfahren.

Die Rekonstruktion des Einstiegs in den Postwaggon.

ENTFÜHRUNG IM INDUSTRIELLENMILIEU

In den Morgenstunden des 19. Dezember 1991 wurde ein bekannter österreichischer Staatsangehöriger, wohnhaft in Kärnten, von zunächst unbekannten Tätern in der Nähe seines Wohnortes entführt. Der Mann befand sich mit einem Firmenfahrzeug auf dem Weg zu seinem Arbeitsplatz. Das Fahrzeug wurde noch im Wohnort aufgefunden. Der Mann ist der Schwager eines bekannten bayerischen Unternehmers. In den Vormittagsstunden des 19. Dezember 1991 setzten sich die Entführer deshalb sowohl mit der Familie in Deutschland als auch mit der Lebensgefährtin des Entführungsopfers in Verbindung und forderten eine Lösegeldsumme von zehn Millionen Deutsche Mark.

Am Tag darauf gab der Journaldienst der Generaldirektion für Öffentliche Sicherheit gegen 13.55 Uhr bekannt, dass sich die erpresserische Entführung nach Wien ausdehnte. Waren ursprünglich die Bundesländer Kärnten, Salzburg und Oberösterreich involviert, wurde nun die Bundespolizeidirektion Wien ins Geschehen miteinbezogen. Innerhalb kürzester Zeit mussten die Spezialeinheiten des Sicherheitsbüros in Bereitschaft gestellt werden, um die Spur der bis dahin unbekannten Entführer aufnehmen zu können.

Nach einer längeren Verfolgung, vom Wiener Westbahnhof ausgehend, wo die Geldübergabe stattgefunden hatte, über die Innere Stadt zum Wiener Südbahnhof, konnte am 21. Dezember gegen 1.00 Uhr in Meidling der Zugriff erfolgen: Nach der Freilassung des Opfers konnten zwei der Täter in Wien festgenommen werden. Über diese beiden Täter konnten dann die beiden Köpfe der Entführung ausgeforscht werden.

Das Opfer war in einem Lieferwagen, den einer der Haupttäter besorgt hatte, gefangen gehalten worden. Das „rollende Gefängnis" wurde bis nach Wien chauffiert. Tatmotiv waren Millionen-Pleiten. Die Urteile des Landesgerichts Klagenfurt: zwölf Jahre Freiheitsstrafe für den österreichischen Haupttäter, je zehn Jahre für die beiden Mittäter wegen erpresserischer Entführung. Der zweite Haupttäter ist deutscher Staatsbürger, daher wurde sein Verfahren in Deutschland abgeschlossen.

Das Geld, das in zwei Tennistaschen transportiert worden war, konnte sichergestellt werden.

JACK UNTERWEGER – SERIENMÖRDER AUF ZWEI KONTINENTEN

Zwischen September 1990 und Juli 1991 verschwanden elf Prostituierte in der damaligen Tschechoslowakei, in Österreich in den Bundesländern Vorarlberg, Steiermark und Wien sowie im Raum Los Angeles, Kalifornien, USA. Dass ein Serienmörder auf zwei Kontinenten Frauen tötete, war zu Beginn der Ermittlungen für die Kriminalbeamten des Sicherheitsbüros nicht erkennbar.

Am 8. April 1991 verschwand eine kontrollierte Prostituierte von ihrem Standort in Wien 15 nächst der Stadthalle. Ihre Leiche wurde am 4. Juli 1991 in Niederösterreich, einige Kilometer entfernt von ihrem Standort, aufgefunden. Drei weitere Frauen verschwanden wenig später in Wien: eine am 16. April 1991 in Wien 15, eine weitere am 28. April 1991 in Wien 14 und eine dritte am 7. Mai 1991 in Wien 15.

Es dauerte nahezu ein halbes Jahr, bis man die Zusammenhänge zu den anderen Mordfällen, die sich in Graz, Niederösterreich und in Vorarlberg ereignet hatten, erkannte. Am 26. Oktober 1990 wurden eine Grazerin, am 12. Juni 1990 eine Bregenzerin und am 3. Juli 1991 erneut eine Grazerin getötet.

Als die Zusammenhänge erahnt wurden, setzte man seitens des BMI eine Sonderkommission unter Leitung des Vorstandstellvertreters des Sicherheitsbüros, Dr. Ernst Geiger, ein, die sich aus Kriminalbeamten des Sicherheitsbüros, der Kriminalabteilung Niederösterreich, der Kriminalabteilung Steiermark, der Bundespolizeidirektion Graz und der Kriminalabteilung Vorarlberg zusammensetzte. Es wurden weitere Mordfälle, ein Mord am 15. September 1990 in Prag und drei Morde in den USA zwischen dem 20. Juni 1991 und dem 3. Juli 1991, alle in Los Angeles, in die Ermittlungen miteinbezogen.

Die Ermittlungen gestalteten sich schwierig und langwierig. Mithilfe des vom amerikanischen Federal Bureau of Investigation (FBI) entwickelten Profilings gelang jedoch die Verdichtung der Beweiskette. Der erste Schritt war, überhaupt zu erkennen, dass die Straftaten in Wien, Graz und Bregenz in einem Zusammenhang standen. Der Verdacht richtete sich zunächst gegen eine Person, von der man annehmen konnte, dass sie viel in Österreich unterwegs war. Der Täter ging stets nach einem ähnlichen „modus operandi" vor, wie er sich bei den „neuen Tötungsdelikten" darstellte.

Durch den Hinweis eines Salzburger Kriminalbeamten, der den Mord an einer Frau am 11. Dezember 1974 bearbeitete, der Jack Unterweger zur Last gelegt worden war, wurden die Ermittlungen gegen Unterweger, der damals in Wien-Josefstadt wohnhaft war, aufgenommen. Mag. Dr. Thomas Müller, der gerade mit der Bearbeitung der Mordfälle in Favoriten beschäftigt war, stellte die Verbindung zu den Profilern des FBI her, die ein Täterprofil des Verdächtigen erstellten.

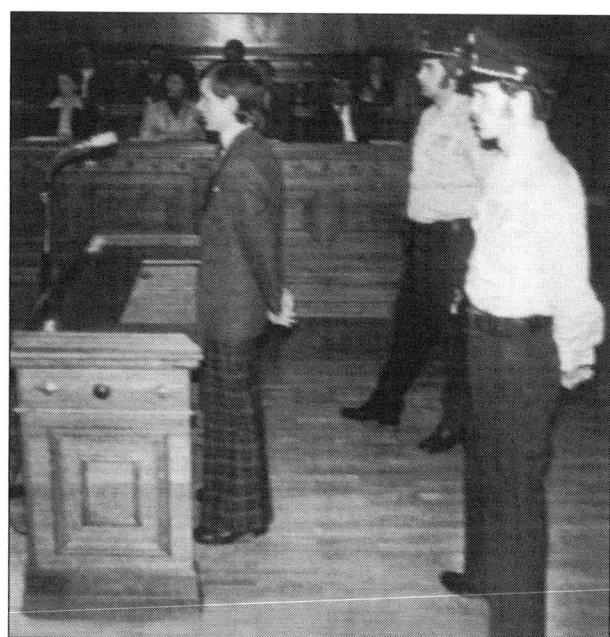

Jack Unterweger bei der Ver-
handlung.

Jack Unterweger entzog sich der Verhaftung durch Flucht. Er flüchtete in Begleitung seiner damaligen Freundin nach Miami/Florida. Aufgrund eines vom Landesgericht für Graz ausgestellten internationalen Haftbefehls konnte Unterweger in Miami ausgeforscht und festgenommen werden. Er wurde nach Österreich ausgeliefert und im Landesgericht Graz vor ein Schwurgericht gestellt.

Dank der ausgezeichneten Zusammenarbeit von Staatsanwaltschaft, Untersuchungsrichter und Polizei konnte Unterweger zu lebenslanger Haft verurteilt werden. Das Urteil wurde jedoch nicht rechtskräftig, denn Unterweger erhängte sich in der Nacht vor der Urteilsfällung in seiner Zelle. Der Knoten, mit dem er die Schlinge der Schnur fertigte, entsprach genau jenem, den er beim Erdrosseln seiner Opfer verwendet hatte. Unterweger hatte die Straftaten nie gestanden, sein Selbstmord glich allerdings einem späten Geständnis.

Der Fall steht wie viele andere für die Frage, inwieweit Täter resozialisierbar sind. Unterweger hatte nach seiner Verurteilung für den Mord von 1974 zu schreiben begonnen und war als „Häfenliterat" und später, nach Verbüßung seiner ersten Haftstrafe, als Beispiel erfolgreicher Resozialisierung berühmt geworden.

DER UNHOLD VON STEYR

Der Lebenslauf eines Menschen bringt oft eigenwillige Lösungen zustande. Ein Täter, der in den 1950er-Jahren Angst und Schrecken unter dem weiblichen Teil der Bevölkerung Niederösterreichs verbreitet hatte, wurde als alter Mann ausgerechnet von einer jungen Frau getötet. War das als „höhere Gerechtigkeit" im weiteren Sinn zu verstehen?

Der Mann, der in jüngeren Jahren als „radelnder Unhold von Steyr" von sich reden gemacht hatte, wurde am 8. April 1993 gegen 23.03 Uhr in Wien 1 erstochen. Die Täterin sollte zuvor auf Wunsch des Opfers sexuelle Leistungen erbringen. Sie wollte den Mann jedoch loswerden, da ihr vor ihm ekelte. Der Mann verstarb nach dem Stich am 30. April 1993.

Die Schwurgerichtsverhandlung beim Landesgericht für Strafsachen Wien gestaltete sich aufgrund der Persönlichkeit der Täterin als schwierig. Sie wurde vom Landesgericht für Strafsachen Wien rechtskräftig verurteilt.

Die Rekonstruktion eines Tathergangs in den 1950er-Jahren.

ERSCHÜTTERNDE TAT EINES RÜCKFALLSTÄTERS

Am 5. November 1993, gegen 18.15 Uhr, fand eine Hausbesorgerin im Schlafzimmer ihrer Wohnung in Wien 9 die mit Bettzeug zugedeckte Leiche ihres 12-jährigen Sohnes. Die Leiche wies 60 Stich- und Schnittverletzungen im Bereich des Unterleibes auf. Neben der Leiche fand man Fesselungswerkzeug, sodass ein sexuelles Motiv für den Mord angenommen werden musste.

Als Täter wurde ein 44-jähriger Häftling verdächtigt. Dieser hatte 1973 in Graz an seiner 22-jährigen Wohnungsnachbarin einen äußerst brutalen Sexualmord verübt und war deshalb im Juni 1974 zu einer lebenslangen Freiheitsstrafe verurteilt worden. Während seiner Haft hatte er über ein Inserat die Hausbesorgerin kennen gelernt. Im Juli 1991 wurde er in die Justizanstalt Mittersteig überstellt und erhielt ab September 1992 regelmäßig Haftausgang. In dieser Zeit suchte er meist die Wohnung der Hausbesorgerin auf, so auch am 5. November 1993.

Nur wenige Tage später verübte er wieder ein sexuell motiviertes Attentat durch Messerstiche auf eine in einer Kapelle in Innsbruck betende Nonne. Im Zuge einer Alarmfahndung wurde der Rückfalltäter von Sicherheitswachebeamten in Tirol erschossen.

Der Fall sorgte für wochenlange politische Diskussionen. Der Leitung der Justizanstalt Mittersteig wurde vorgeworfen, mehrere Anzeichen für die Abnormität und Gefährlichkeit des Täters nicht beachtet zu haben. Die Leiterin der Justizanstalt wurde versetzt und ein Untersuchungsausschuss eingesetzt.

GEISELLAGE IN DER DÖBLINGER HAUPTSTRASSE

Am 14. Juni 1993, um circa 11.45 Uhr, überfiel ein zunächst unbekannter Täter die Bank Austria-Filiale in Wien 19, Gatterburggasse 23. Der Mann agierte ziemlich brutal, bedrohte den Kassier mit einem Revolver, versetzte einem Bankangestellten einen Fußtritt gegen den Brustkorb und bediente sich selbst an der Kasse. Der Täter erbeutete 670.000 Schilling, die Beute wurde durch ein Alarmpaket vernichtet.

Auf der Flucht aus der Bank stellte Revierinspektor Riepl, der zur Schulwegsicherung eingeteilt war, den Täter. Der Bankräuber schoss auf den Polizisten und tötete ihn. In der Folge verschanzte sich der Täter in einem Kindermodengeschäft in der Döblinger Hauptstraße. Das Sicherheitsbüro übernahm die Amtshandlung, Polizeipräsident Dr. Bögl leitete persönlich den Einsatz.

Als der Täter über das Radio erfuhr, dass er einen Polizisten getötet hatte, forderte er ein Fluchtfahrzeug und eine Million Schilling. Auf dem Verhandlungsweg konnte die Freilassung der Geiseln aus dem Kindermodengeschäft erwirkt werden. Als Oberst Fritz Maringer, leitender Kriminalbeamter im Sicherheitsbüro, den Täter dann zum Aufgeben überreden wollte und sich zum Geschäft begab, versuchte der Täter ihn zu töten, indem er zweimal auf Oberst Maringer schoss. Maringer wurde schwer verletzt, ein Handy rettete ihm das Leben. Der Täter, ein gebürtiger Wiener, gehörte der „Gürtelszene" an. Er erschoss sich, als die Wiener Einsatzgruppe der Alarmabteilung, genannt WEGA, das Geschäft stürmte.

Die Wiener Einsatzgruppe der Alarmabteilung im Einsatz bei einer Geiselnahme.

BESTIALISCHER MORD AM WIENERBERG

Am 7. August 1994, gegen 3.00 Uhr, wurde in der Nähe des Ziegelteichs am Wienerberg in Wien-Favoriten die nackte Leiche einer Frau aufgefunden. Das Opfer war teilweise mit Gras zugedeckt und wies mehrere Hämatome auf. In ihrem After steckten zwei Äste, einer davon 66 Zentimeter lang. Daneben lag ein dicker blutverschmierter Pflanzenstängel, der laut späterer Erhebung dem Opfer tief in die Scheide eingeführt worden war.

Die Frau war am Abend des Vortags mit mehreren Freunden zum Teich gegangen, um zu schwimmen, Musik zu hören und zu trinken. Als Täter konnte einer ihrer Begleiter, 20 Jahre alt, ehemaliger Maurerlehrling, ausgeforscht werden.

Da im Mund der Leiche Schaumpilz gefunden wurde, stand fest, dass der Angriff im Wasser erfolgt war. Der Verdächtige gestand, sich dem Opfer im Wasser sexuell genähert zu haben. Da sie ihn daraufhin am Ufer beschimpfte, entwickelte er starke Aggressionen und schlug die Frau mit mehreren Faustschlägen gegen Hals und Kopf. Dann führte er Äste und Stängel in den Unterleib ein.

Der Täter wurde vom Jugendgerichtshof Wien zu einer langjährigen Haftstrafe verurteilt. Er muss weiterhin als potent gefährlich betrachtet werden.

Das Bild aus der „Kronen Zeitung" vom 9. August 1994 zeigt den Tatort des bestialischen Frauenmordes, den Badeteich am Wienerberg.

OPFER ODER TÄTER?

Am 13. September 1994 wurde dem Sicherheitsbüro bekanntgegeben, dass unbekannte Täter in das Atelier eines Professors an der Akademie der Bildenden Künste in Wien 1, Schillerplatz 3, eingedrungen waren und dort an die 30 Bilder durch Übermalen schwer beschädigt hatten. Der Wert dieser Bilder wurde mit etwa 25 Millionen Schilling (ca. 1,8 Millionen Euro) angegeben.

Das Sicherheitsbüro führte umfangreiche Ermittlungen durch und ermittelte in alle Richtungen. Ein Täter konnte jedoch nicht eruiert werden. Es gab sehr viele unterschiedliche Informationen, die aber kein verwertbares Ergebnis erbrachten. Die Informationen wiesen vor allem in zwei Richtungen: Die einen verdächtigten den Künstler selbst der Tat, die anderen sahen einen Racheakt als wahrscheinlich an und bezichtigten verschiedene Personen, die dafür infrage kamen. Der Fall konnte nicht geklärt werden.

Eines der übermalten Werke des
Akademie-Professors.

TREUHANDGELDER VERUNTREUT

1995 wurde ein Rechtsanwalt verdächtigt, von Sommer 1992 bis Februar 1995 als Geschäftsführer einer Liegenschafts-Verwertungs-Gesellschaft Treuhandgelder in Höhe von 52 Millionen Schilling veruntreut zu haben. Der Rechtsanwalt hatte von Wohnungs- eigentumswerbern Gelder übernommen und in der Folge rechtswidrig verwendet. Zum Zeitpunkt der ersten Ermittlungen durch die Wirtschaftspolizei gab es bereits mehr als hundert Geschädigte.

Der Rechtsanwalt hatte zusammen mit einem Komplizen zwischen 1989 und 1993 zahlreiche Firmen gegründet, die insgesamt 82 Zinshäuser in Wien und Umgebung angekauft hatten, darunter auch das Palais Kinsky. Der Ankauf wurde fast ausschließ- lich fremdfinanziert. In den ersten drei Monaten des Jahres 1995 wurde ein Konkurs- verfahren über sämtliche Firmen eröffnet. Der Komplize wurde verdächtigt, seinem Geschäftspartner im Juli 1994 36 Millionen Schilling herausgelockt zu haben.

Die beiden Verdächtigen konnten festgenommen und rechtskräftig verurteilt wer- den. Der Rechtsanwalt ist mittlerweile verstorben. Es entstand ein Gesamtschaden von 118 Millionen Schilling (ca. 9 Millionen Euro).

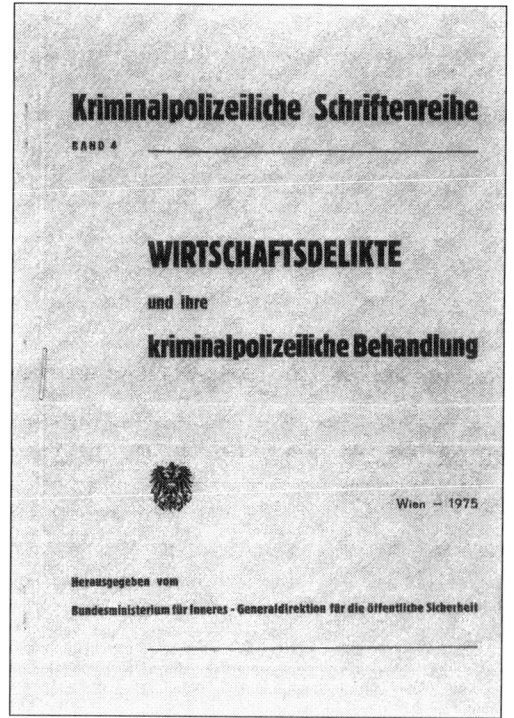

Schulungsunterlagen zu Wirtschaftsdelikten und ihrer kriminalpolizeilichen Behand- lung aus dem Jahr 1975.

RAUBMORD IN PÖTZLEINSDORFER VILLA

In der Nacht vom 5. auf den 6. März 1995, vermutlich gegen 22.45 Uhr, wurde eine 55-jährige Geschäftsfrau von einem zunächst unbekannten Täter in ihrer Villa in Wien 18 erschossen.

Die mit vier Schüssen getötete Frau saß bei der Auffindung am Fußboden. Auch ihr Hund war niedergeschossen worden. Der Täter hatte fünf Bilder, eine Standuhr, Schmuck, Sparbücher und einen Videorekorder gestohlen. Die Gegenstände versteckte er am Neustifter Friedhof in einem Koffer. Das Versteck wurde zwar gefunden und mittels einer Videofalle überwacht, aber der Täter konnte, trotz Polizeipräsenz, flüchten.

Im Jahr 1998 erhielten die Kriminalbeamten des Bezirkspolizeikommissariats Brigittenau dann im Zuge von Erhebungen wegen Einbruchsdiebstählen einen Hinweis, dass ein gewisser „Tibor" vor einiger Zeit beim Neustifter Friedhof einen Einbruch verübt habe. Der Einbrecher habe bei diesem Einbruch eine Frau und einen Hund erschossen.

Der Täter konnte identifiziert werden. Er wurde am 20. Dezember 1998 im Orient-Express, von Ungarn kommend, bei der Einreise nach Österreich festgenommen, wobei er ein falsches Reisedokument verwendete. Er war angeblich am Weg zur Fremdenlegion. Nach anfänglichem Leugnen gestand er, den Mord verübt zu haben. Als er sein Opfer beim Telefonieren sah, vermutete er, dass sie die Polizei verständigte, und erschoss sie. Er wurde vom Landesgericht für Strafsachen Wien rechtskräftig verurteilt.

SERIENMÖRDER HÄLT WIEN IN ATEM

Am Abend des 30. Mai 1995 verschwand eine 23-jährige Bankangestellte aus Wien-Simmering. Am 13. Juni 1995 bedrohte ein unbekannter Täter eine Frau, die gerade ihren Wagen parkte, brachte sie zu einem Haus in der Hochstraße, Wien 23, und vergewaltigte sie dort. Die Frau konnte sich befreien und flüchtete. Besitzer des Hauses in der Hochstraße war ein Filmregisseur und Inhaber einer TV-Firma. Bei einer Hausdurchsuchung wurden Gegenstände der vermissten Bankangestellten gefunden.

Weitere Delikte konnten dem Regisseur nachgewiesen werden: Am 17. Juni 1995 hatte er eine 23-jährige Angestellte in Steinbach, Attersee, Oberösterreich überfallen, gefesselt, geknebelt und vergewaltigt. Am 10. Juni 1995 verschwand eine 19-jährige Studentin aus Bisamberg in der Salzagegend. Bei den Ermittlungen wurde im Campingwagen des Regisseurs ein Haar der Studentin gefunden. Die Leiche der jungen Frau wurde ein Jahr später an den Hängen der Salza aufgefunden und von ihrem Vater identifiziert. Am 26. Juni 1995 trieb die Leiche der Bankangestellten im Staubereich des Salza-Enns-Kraftwerks Krippau an. Dem Regisseur konnten noch weitere Vergewaltigungen zur Last gelegt. Er war bereits 1973 wegen versuchter Nötigung zu Unzucht bzw. Beischlaf in zehn Fällen für schuldig befunden worden. Er wurde 1997 in letzter Instanz vom Obersten Gerichtshof zu lebenslanger Haft verurteilt.

Polizisten begleiten den Verdächtigen bei der Tatortausführung.

DER MATURASKANDAL

Im Jahr 1995 wurde aufgrund einer anonymen Anzeige bekannt, dass in einer Matura-schule die Matura oder Teilprüfungen zur Matura gekauft werden konnten. Bei einer sofortigen Besprechung, die mit Verantwortlichen des Stadtschulrats für Wien geführt wurde, ordnete der Präsident des Stadtschulrats, Dr. Scholz, die Unterstützung der Beamten der Bundespolizeidirektion Wien, des Sicherheitsbüros, Gruppe Raus, an.

Tatsächlich konnten zahlreiche Fälle gefunden werden, die zu untersuchen waren. Im Zuge der Ermittlungen erschien der Rechtsanwalt Dr. Manfred Ainedter und über-gab Unterlagen basierend auf der Aussage seiner Mandantin, die eine sehr prominente Person bzw. deren Angehörige betrafen.

Die Ermittlungen verliefen erfolgreich, daher wurden Gattin und Tochter dieser prominenten Person im Gerichtsverfahren für schuldig befunden. Im sogenannten Maturaskandal konnten die polizeilichen Ermittlungen abgeschlossen werden. Ins-gesamt wurden 386 Maturanten, zehn Professoren sowie sieben Privatpersonen zur Anzeige gebracht.

DOPPELMORD IM BIRKENHOF

Am 27. Februar 1996 erstatteten die Eltern einer 34-jährigen Frau Abgängigkeitsanzeige. Am 2. März 1996 entdeckten Kriminalbeamte des Bezirkspolizeikommissariats Favoriten in einer Wohnung in Wien 10 die Leichen der 38-jährigen Wohnungsinhaberin und ihrer Freundin, der 34-Jährigen, die bereits von ihren Eltern vermisst wurde. Die Frauen waren mittels mehrerer Messerstiche getötet worden. Die Auffindungssituation deutete darauf hin, dass es sich bei den Opfern um Suchtgiftkonsumentinnen handelte.

Am 2. März wurde ein 32 Jahre alter Mann nach einem Einbruchsdiebstahl in einem Waschsalon in Wien 10 festgenommen. Bei der Anhaltung fand man Gegenstände, die auf einen Zusammenhang mit dem Doppelmord hinwiesen. Im Zuge der Einvernahme gestand der Mann, die beiden Frauen während eines Streits erstochen zu haben. Hintergrund der Auseinandersertzung waren ein Bekanntschaftsverhältnis und eine angeblich falsche Beschuldigung. Im Zuge der Einvernahme gestand er auch den Mord am ehemaligen Polizisten Hermann A. am 18. April 1994 in Wien-Brigittenau.

Die Amtshandlung wurde vom Sicherheitsbüro, Gruppe Wollein, geführt. Der Täter wurde in das Landesgericht für Strafsachen Wien eingeliefert und zu einer lebenslangen Haftstrafe verurteilt. Er verstarb in der Haft.

In dieser Küche geschah ein Doppelmord.

STARSCHLOSSER ALS STAREINBRECHER

Mitte Juli 1996 wurde in der Wiener Innenstadt vorwiegend in mehrere Anwaltskanzleien eingebrochen. So wurde in der Nacht vom 18. auf den 19. Juli ein Einbruchsdiebstahl in eine Anwaltskanzlei in der Schulerstraße verübt und aus dem Wandtresor Goldmünzen, Bargeld, Schmuck, und Sparbücher im Wert von 1,3 Millionen Schilling (ca. 95.000 Euro) gestohlen.

Derselbe Täter suchte in der Nacht vom 19. auf den 20. Juli eine Anwaltskanzlei in der Singerstraße heim. Aus dem Tresor wurden Sparbücher mit einer Gesamteinlage von 11,5 Millionen Schilling (ca. 820.000 Euro) gestohlen.

Im Zuge der Ermittlungen durch die Kriminalbeamten des Sicherheitsbüros, Gruppe Jungwirth, konnte der 25 Jahre alte Dieb bei der versuchten Behebung von Geld auf der Bank beobachtet und ausgeforscht werden. Er konnte aufgrund von Beweisen (Videoaufnahmen bei Bankbehebungen), Indizien und Zeugenaussagen der Straftaten überwiesen werden. Es wurden ihm sieben Einbrüche mit einer Schadenssumme von 14 Millionen Schilling nachgewiesen.

Der junge Mann war vor Jahren als bester Schlosser Wiens von der Kammer ausgezeichnet worden. Er wurde seitens des Landesgerichts für Strafsachen Wien zu einer unbedingten Haftstrafe verurteilt.

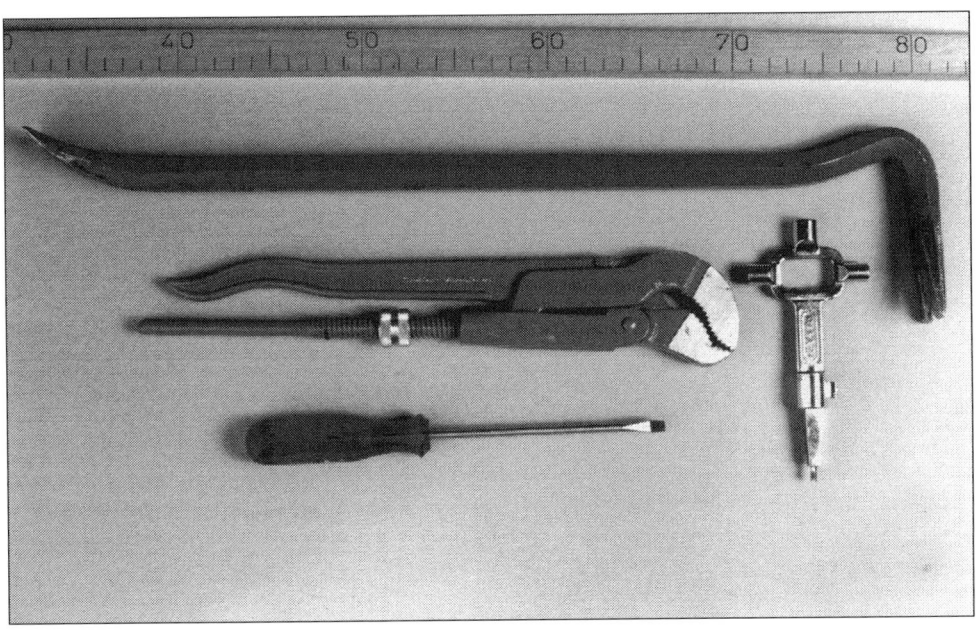

Das übliche Werkzeug von Einbrechern, das auch der Starschlosser verwendete.

„RUSSENMAFIA" IN WIEN

Am Höhepunkt des Kampfes gegen das organisierte Verbrechen, das in den Jahren 1994 bis 1997 vor allem aus dem Osten nach Österreich eindrang, ereignete sich ein spektakulärer Mord mit vielfältigen Hintergründen.

Am 11. Juli 1996, gegen 21.15 Uhr, wurde ein georgischer Geschäftsmann, wohnhaft im SAS-Hotel, Wien 1, in der Annagasse mit zwei Schüssen aus einer Pistole mit Laser und Schalldämpfer getötet. Seine Begleiterin wurde durch einen Schuss ins Gesäß verletzt.

Die Amtshandlung übernahmen die Experten des Sicherheitsbüros, Referat zur Bekämpfung der organisierten Kriminalität, und die Mordgruppe Fleischhacker, denn die Tötungsweise – ein Schuss in den Kopf und ein Schuss in das Gesäß – sprach für einen Zusammenhang mit der organisierten Kriminalität.

Täter waren drei Georgier Anfang 20. Das Landesgericht für Strafsachen Wien sah erstmals den Tatbestand der organisierten Kriminalität als verwirklicht an und verurteilte sie dementsprechend. Der Oberste Gerichtshof hob diesen Urteilsspruch aber auf und bestätigte „nur" die Verurteilungen wegen Mordes. Das erschien den Ermittlungsbehörden als Rückschlag. Die Polizei fühlte sich in diesem Fall von der Justiz teilweise im Stich gelassen.

Mord im Milieu der organisierten Kriminalität in der Annagasse?

SCHICKERIA IM DROGENSUMPF

Das Jahr 1997 brachte zahlreiche Hinweise auf Drogenkonsum in der „Schicki-Micki-Szene". Ein einstiger Song-Contest-Teilnehmer konsumierte regelmäßig Heroin und war sichtlich „am Ende". Zur Befriedigung seiner Sucht beging er zwei Raubüberfälle an betagten Frauen. Er wurde von den Kriminalbeamten des Suchtgiftreferats des Sicherheitsbüros als Täter ausgeforscht und vom Landesgericht für Strafsachen Wien zu einer Geldstrafe verurteilt. Die Liste der prominenten Konsumenten setzte sich fort.

Kurze Zeit später wurde in einer damals berühmten „In"-Diskothek in Wien-Innere Stadt ein bekannter Wintersportler wegen Drogenkonsums ausgeforscht und von zahlreichen Mittätern belastet. Damit begann geradezu ein „Aufräumen in der Wiener Koksszene". Im April 1997 wurden 35 Personen wegen Konsums und Handels von schweren Suchtmitteln festgenommen. Viele bangten darum, dass sie die nächsten sein würden. Bei der Aktion „Stiefelknecht" wurden weitere Prominente als Konsumenten von Kokain ausgeforscht, unter ihnen Anwälte, Musiker und Mitarbeiter einer großen Fernsehanstalt. Das, was man immer schon vermutet hatte und sich als „Tratsch" in ganz Wien herumgeredet hatte, fand seine Bestätigung. Viele Prominente neigten zum Konsum von Kokain und Heroin. Im Sommer konnte zur Abrundung des Geschehens ein Großtransport von 15 Kilogramm Heroin angehalten und sichergestellt werden. Die Urteile wurden am Landesgericht für Strafsachen Wien verhängt.

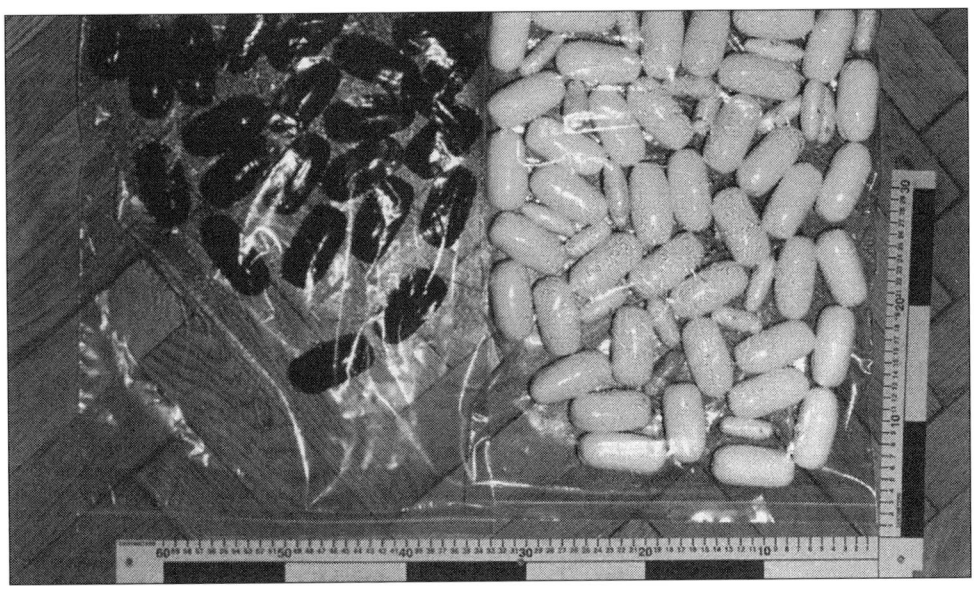

Ein Drogenfund.

CAUSA NATASCHA KAMPUSCH

Die Schülerin Natascha Kampusch, geboren am 17. Februar 1988 in Wien, verließ am Morgen des 2. März 1998 die Wohnung in Wien 22, laut Aussage ihrer Mutter, um die Schule am Brioschiweg in Wien-Donaustadt aufzusuchen. Am Weg zur Schule wurde Natascha angeblich noch von einer Schulkollegin gesehen. Laut der jungen Zeugin sei Natascha in einen Kombibus „gezerrt" worden. Das Sicherheitsbüro übernahm den Fall der bedenklichen Abgängigkeit sofort und leitete die umfangreichste Fahndungsaktion der letzten 50 Jahre ein. Die Ermittlungen zur Ausforschung des abgängigen Mädchens verliefen trotz maximaler Bemühungen ergebnislos.

Der Fall löste enormes öffentliches Interesse aus. Die Eltern wandten sich immer wieder mit dem Ersuchen um Unterstützung an die Medien, aber auch dies blieb ohne Erfolg. Von der Polizei, sowohl von den uniformierten Kräften als auch von der Kriminalpolizei, wurden alle Hinweise überprüft und alle Möglichkeiten der modernen Fahndung genutzt. Ein Detektiv gründete einen Fond. Jedoch konnte nicht einmal ein Gegenstand oder ein Kleidungsstück von dem Mädchen gefunden werden. Im Jahr 2002 wurde der Fall der bedenklichen Abgängigkeit vom neu gegründeten Bundeskriminalamt Österreich zur weiteren Bearbeitung übernommen – ohne Ergebnis.

Am 23. August 2006 kam es zur sensationellen Wende. Natascha Kampusch konnte sich aus der achteinhalb Jahre dauernden Hölle, die ihr ihr 44-jähriger Entführer in Strasshof, Niederösterreich, bereitet hatte, aus eigener Kraft befreien.

Natascha Kampusch gab zwei Wochen später ein Interview. Es präsentierte sich eine junge, sprachlich versierte Frau, die man so nicht erwartet hätte. Wer hätte ihr so viel Selbstständigkeit und Selbstbewusstsein zugetraut? Dieses Auftreten stimmte in mehrerer Hinsicht nachdenklich. Wäre Natascha in ihrer gewohnten Sozialisation auch so geworden, wie wir sie hier sehen konnten?

Die folgenden Jahre von 2006 bis 2012 gaben viele Rätsel auf. Die Arbeit der Exekutive wurde genau unter die Lupe genommen und etliche Mängel wurden aufgedeckt. Es stellte sich heraus, dass relativ bald nach der Entführung ein entscheidender Hinweis bei der Polizei eingelangt war, der zur Befreiung hätte führen können. Die Geschichte scheint nach wie vor nicht stimmig zu sein, es gibt zu viele Fragezeichen: Warum behauptet eine wichtige Zeugin, zwei Täter gesehen zu haben? Warum wurde der beste Freund des Entführers nicht genauer befragt? Was wurde der Öffentlichkeit noch verheimlicht?

Trotz mehrmaliger Evaluierung und Befassung des Falls durch Evaluierungskommissionen bleibt vieles im Dunkeln. Diese Divergenzen entstehen im Spannungsfeld von Opferschutz und der Forderung der Öffentlichkeit nach der vollen Wahrheit.

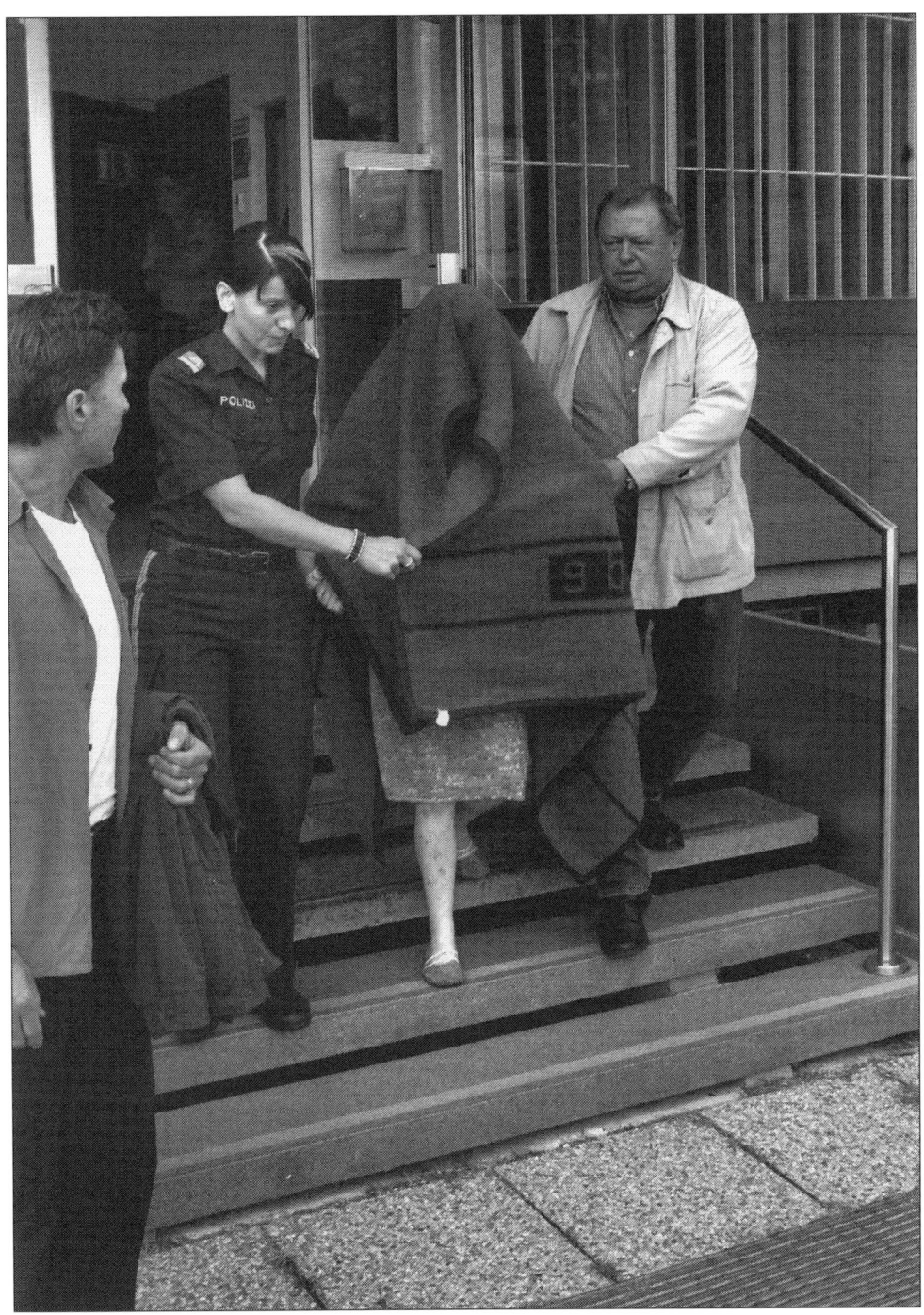

Natascha Kampusch kommt mit einer Polizistin aus der Polizeiinspektion in Strasshof.

EIN BANKIER BERAUBT SICH SELBST

Am Samstag, dem 10. Oktober 1998, räumte ein Privatbankier seine eigene Bank komplett aus. Am frühen Morgen kam der Bankier in Begleitung mehrerer „Helfer" in die Bank in Wien 1 und ging nach einem vorbereiteten Plan vor.

Es wurden alle Geschäftsunterlagen der Jahre 1993 bis 1998 entfernt und die im Tresor befindlichen 107 Millionen Schilling entwendet. Laut Bericht der Wochenzeitschrift „Format" vom 19. Oktober 1998 ging die Truppe bei der Räumungsaktion alles andere als zimperlich vor. Schränke wurden ebenso aufgebrochen wie Schubladen, ganze Computeranlagen förmlich vom Netz gerissen. Insgesamt füllten die Täter laut Ermittlungen von Wirtschaftspolizei und Sicherheitsbüro den Inhalt aus gezählten 551 Aktenordnern in bereitgestellte Säcke. Der Bankier hatte gefälschte Saldenbestätigungen vorbereitet. Die Fälschungen waren relativ simpel durchgeführt worden, indem Originalvermerke ausgelackt und mittels Schreibmaschine falsche Daten eingesetzt worden waren.

Nach der Tat flüchtete der Bankier ins Ausland. Die Fahndungsmaßnahmen des Sicherheitsbüros, der Fahndungsgruppe, waren so präzise, dass der Aufenthaltsort des Flüchtigen eruiert werden konnte. Unabhängig davon wurde dieser Ort auch vom NEWS-Journalisten Karl Wendl ausfindig gemacht, der mit dem Verdächtigen dort ein Interview führte.

Vom angerichteten Schaden in der Höhe von ca. einer Milliarde Schilling konnten nur mehr etwa 60 Millionen sichergestellt werden. Der Bankier stellte sich den österreichischen Behörden und wurde vom Landesgericht für Strafsachen Wien zu einer langjährigen Haftstrafe verurteilt. Er befindet sich heute wieder in Freiheit und ist angeblich mittellos.

RAUBMORD AN JUWELIER

Am Samstag, dem 9. Mai 1998, gegen 12.40 Uhr, wurde ein 44-jährige Mann in einem Juwelier-Geschäft in Wien 1 durch einen Schuss in den Hinterkopf lebensgefährlich verletzt, er verstarb eine Stunde später beim Abtransport ins Spital.

Laut Zeugenaussagen waren drei Männer in das Geschäft gekommen. Zwei Täter gingen gezielt auf das Opfer zu und schossen es nieder. Der dritte Täter blieb bei der Tür stehen, um die Flucht zu sichern. Es wurde ein Zusammenhang zur organisierten Kriminalität vermutet, da alles auf einen geplanten Mord hindeutete. Das Opfer konnte noch ein Wort röcheln, das als russischer Name interpretiert wurde. Diese Person wurde ausgeforscht, konnte aber ein eindeutiges Alibi anbieten.

Am 30. Juni 1998 beraubten zwei italienische Täter die Wechselstube des Verkehrsbüros in Wien-Innere Stadt. Im Zuge einer wilden Verfolgungsjagd über die Südautobahn kamen die Täter zu Sturz. Ein Täter konnte flüchten, der zweite wurde festgenommen. Bei der Einvernahme im Sicherheitsbüro gab er seinen Komplizen, 25 Jahre alt, preis. Dieser Komplize sowie zwei weitere Täter in den Zwanzigern hatten laut Aussage den Juwelier Haban im Mai 1998 überfallen, Todesschütze sei der 25-Jährige gewesen.

Der Polizeieinsatz am Stephansplatz.

Es konnten noch weitere Raubüberfälle, unter anderem ein Bankraub in Bratislava vom 16. Juli 1997, geklärt werden. Der 25-Jährige wurde im Oktober 1998 in Bologna festgenommen. Das Strafverfahren im Bologna im Jahr 2000 wurde nicht rechtskräftig abgeschlossen. Die Berufungsinstanz hob diese Schuldsprüche im Jahr darauf wieder auf. Der Fall wurde beim Obersten Gerichtshof in Rom aufgehoben.

Daniel Glattauer schrieb am 20. April 2004 in „Der Standard": „Im Mai 1988 wurde der Geschäftsführer des Wiener Juweliers (…) bei einem Raubüberfall erschossen. Drei Verdächtige wurden in Italien freigesprochen. Einen von ihnen fing sich Wien noch einmal heraus und klagte ihn des Mordes an. Er bleibt dabei: ‚Ich habe nichts begangen.' Mehr als fünf Jahre nach dem Mord (…) wurde (einer der Täter; d. Verf), der in München aufgrund eines österreichischen Haftbefehles festgenommen und nach Österreich ausgeliefert wurde, von der österreichischen Justiz neuerlich wegen Mordes unter Anklage gestellt. Aufgrund der polizeilichen Ermittlungen des Sicherheitsbüros ergab sich, dass (dieser Täter; d. Verf) mit seinen Freunden (….) das Juweliergeschäft überfallen hatte. Dieses Ermittlungsergebnis führte zu dem neuerlichen Mordprozess in Wien. Rechtsanwalt Dr. S. und sein Kollege aus Neapel konnten das Gericht in Wien vom Alibi des Beschuldigten überzeugen. Der Angeklagte wurde freigesprochen.

ITALIENER IST GRÖSSTER BANKRÄUBER EUROPAS

Den Kriminalbeamten des Sicherheitsbüros gelang im November 1998 die Ausforschung des „größten Bankräubers" der letzten Jahrzehnte. Wie in der Folge ermittelt wurde, raubte der Italiener gemeinsam mit seinem Komplizen am 27. November 1998 um 12.28 Uhr die Filiale der Volksbank in Wien 5 bewaffnet aus und erbeutete über 500.000 Schilling (ca. 365.000 Euro). Der erste Täter war nicht maskiert, ging zur nicht gesicherten Geldlade des Kassenschalters und nahm sämtliches Papiergeld an sich. Der zweite Täter sicherte den Ausgang. Anschließend flüchteten die Täter mit einem Alfa Romeo. Ein Zeuge las das Kennzeichen des Fluchtfahrzeuges ab, dadurch konnte das Fahrzeug in Wien 12 angehalten werden. Einer der Täter, 38 Jahre alt, konnte festgenommen werden.

Bei der Einvernahme gab er den Namen des Haupttäters, 44 Jahre alt, bekannt. Da der Haupttäter lediglich den geringeren Teil der Beute an sich nehmen konnte, etwa 100.000 Schilling (ca. 7.300 Euro), gelang es den Kriminalbeamten der Gruppe Kucera, ihn in eine Falle zu locken. Da er nicht wusste, dass sein Partner festgenommen worden war, arrangierte man Telefonate zwischen den beiden Italienern. Es wurde ein Treffen in einem Café in Wien-Innere Stadt, Am Graben, vereinbart. Die Falle schnappte zu. Der Haupttäter erschien und man konnte ihn festnehmen. Er konnte als einer der gefährlichsten und professionellsten Bankräuber der vorangegangenen Jahre entlarvt werden. Er wurde bereits in vier europäischen Staaten mit Haftbefehl gesucht und hatte über 40 Bankraubüberfälle verübt. Im Sicherheitsbüro legte der Mann eine Lebensbeichte ab. Der Täter wurde im Landesgericht für Strafsachen Wien eingeliefert, wo er zu einer mehrjährigen Haftstrafe verurteilt wurde.

RIFIFI-EINBRUCH BEI JUWELIER

Der Film „Rififi" wird als Kultkrimi betrachtet. Wie sich in Wien Einbrecher diesen Film zum Vorbild nahmen, schildert dieser Fall. Zwischen dem 20. Februar 1999, 13.00 Uhr, und 22. Februar 1999, 7.15 Uhr, fand in Wien 9 ein Einbruchsdiebstahl bei einem Juwelier statt.

Die zunächst unbekannten Täter stiegen vermutlich bei der Friedensbrücke in den Alserbach, Hauptsammelkanal, ein und bewegten sich ein paar hundert Meter in Richtung des Juweliergeschäftes, wobei sie auch ein Schlauchboot verwendeten. Im Bereich Julius-Tandler-Platz/Porzellangasse erreichten die Täter einen Seitenkanal, von dem aus sie einen Schacht bis zur Außenmauer des Hauses gruben, auf das sie es abgesehen hatten. Mittels Mauerdurchbruch gelangten sie in einen Keller, von dem aus sie die Decke in den Verkaufsraum des Juweliers durchbrachen, wo sie Schmuck im Wert von etwa 20 Millionen Schilling erbeuteten. Durch geschicktes Vorgehen gelang es ihnen sogar, die Alarmanlage nicht zu aktivieren.

Aufgrund des Fachwissens der Einbruchsspezialisten der Gruppe Jungwirth, einer Ausstrahlung des Falles in der Fernsehsendung „Aktenzeichen XY ungelöst" und der internationalen Zusammenarbeit mit den Kollegen in Polen gelang es im Februar 2001, die Täter, eine polnische Einbrecherbande, auszuforschen und festzunehmen. Aus der Raubbeute konnten in Polen noch 50 Schmuckstücke sichergestellt werden. Die Täter wurden zu langjährigen Haftstrafen verurteilt. Sie kamen für mehrere spektakuläre Einbrüche in Wien infrage.

Die Polizei bei der Arbeit, fotografiert durch die Auslage.

DUBIOSES DIAMANTENGESCHÄFT

Am 5. Mai 1999 erschien eine Frau aus Salzburg im Sicherheitsbüro und ersuchte um Unterstützung in einem Betrugsfall. Im Jahr 1998 war sie in den USA, im Bundesstaat Pennsylvania, Opfer eines internationalen Betrügers, eines Prinzen aus Zaire, geworden.

Der angebliche Prinz, damals ca. 40 Jahre alt, versprach mehreren Opfern, darunter niemand Geringerem als dem Vater von Michael Jackson, Joe Jackson, ein gutes Geschäft mit afrikanischen Diamanten. Die Salzburgerin hatte zur Familie Jackson ein sehr gutes Verhältnis und vertraute auf deren Geschäftsverbindungen.

Dennoch erlitt die Österreicherin einen Millionenschaden. Aufgrund guter Kontakte in die USA wurde mehrmals versucht, mit der Familie Jackson Verbindung aufzunehmen. Es gelang jedoch nicht, eine Antwort zu bekommen. Trotz eines angeregten Gerichtsverfahrens in Salzburg blieb auch die versuchte Hilfe des Sicherheitsbüros erfolglos.

SCHWERSTER SCHLAG GEGEN DIE DROGENSZENE

In den 1990er-Jahren änderte sich die „offene Drogenszene" in Wien, Linz und Graz. Immer mehr Schwarzafrikaner übernahmen den Straßenhandel mit Heroin und Kokain. Zwei Kriminalbeamte, die regelmäßig chinesisch essen gingen, stellten fest, dass sich die Zentrale eines Drogenrings in einem Chinarestaurant in Wien 9 befand.

Die Ermittlungen der Kriminalbeamten des Drogenreferats des Sicherheitsbüros bestätigten diesen Verdacht und es wurde eine mehrere Monate andauernde Aktion seitens des Sicherheitsbüros durchgeführt. Erstmalig setzte man in Kooperation mit dem Bundesministerium für Inneres elektronische Überwachungsmaßnahmen (Lauschangriff) ein. Am 27. Mai 1999 kam es zum ersten Einschreiten.

In einer zweiten Aktion wurde im September 1999 gegen die Organisation zugeschlagen. Über 100 Verdächtige wurden eingesperrt, 80 Bankkonten geöffnet, drei Kilogramm Heroin, vier Kilogramm Kokain und sechs Millionen Schilling sichergestellt. Die Mitglieder der Organisation konnten von den Kriminalbeamten des Sicherheitsbüros unter Führung des Leiters der Sonderkommission, Mag. Stübler, und von Oberstleutnant Haimeder ausgeforscht und festgenommen werden. Sie konnten den Handel mit über 50 Kilogramm schwerer Drogen nachgewiesen werden. Monatlich wurden über 20 Millionen Schilling umgesetzt. Auch die Geldströme konnten analysiert werden. Daraus erkannte man ganz deutlich die Hintergründe der Organisation.

Bei der Bekämpfung der Drogenkriminalität prallen immer zwei „Welten" aufeinander. Aus polizeilicher Sicht war diese Aktion ein Erfolg, denn dieser größte Schlag gegen den Drogenhandel ergab in der Folge mehr als 1.000 Jahre Haft für die Verurteilten.

Die angewandten Methoden wie Lauschangriff oder Einsatz von anonymisierten Zeugen führten jedoch zu heftigster Kritik an Polizei und Justiz. Es stellt sich immer wieder die Frage, wie weit in Grundrechte eingegriffen werden darf, um Schwerkriminalität aufzudecken.

BABYENTFÜHRUNG IM AKH

An einem Freitag im Mai 2000 gegen Mittag passierte es: Eine unbekannte Frau, die sich als Krankenschwester ausgab, entführte ein neugeborene Baby, unter dem Vorwand, dass noch eine Untersuchung durchzuführen sei.

Die Eltern, die das Kind in relativ späten Jahren bekommen hatten, waren am Boden zerstört. Die Medien und die Öffentlichkeit nahmen starken Anteil am Schicksal des Kindes und der Eltern.

In Zusammenarbeit von Öffentlichkeit, Medien und der Exekutive gelang es, das Baby binnen 56 Stunden zurückzubringen. Oberstleutnant Haimeder und die Kriminalbeamten der Gruppe Jandl des Sicherheitsbüros sowie die Kriminalbeamten der Bundespolizeidirektion Steyr bemühten sich besonders um die rasche Aufklärung. Entscheidend war dabei ein Hinweis aus Oberösterreich, der die Beamten aus Steyr auf die Spur der Entführerin brachte. Zur raschen Aufklärung trug auch die Auslobung eines Geldbetrages durch den „Verein Kinderleben" bei.

Die Kindesentführerin hatte den sehnlichen Wunsch nach einem Baby in ihrer neuen Partnerschaft. Aufgrund eines psychischen Leidens war sie auf die Idee verfallen, ein Baby zu entführen. Sie wurde vom zuständigen Gericht als krank eingestuft, weshalb keine Haftstrafe ausgesprochen wurde.

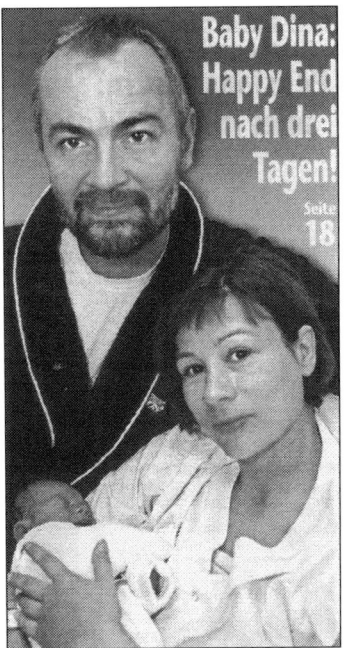

Ein Bild aus der Zeitung „Täglich Alles"
vom 28. Mai 2000.

BANKRÄUBER AUS ESTLAND

Im Jahr 2001 waren Europa und Österreich mit einer neuen Organisation konfrontiert, die Bankraubüberfälle verübte. Es wurden Täter in Tallinn/Estland angeworben, in Abhängigkeiten gebracht und zur Durchführung von Banküberfällen gezwungen.

Im April und Mai 2001 verübten Mitglieder dieser Bande in Wien vier Überfälle. Am 12. April 2001 wurden die Hypobank sowie die Volksbank in Wien 1 überfallen, am 7. Mai 2001 die Bank Austria und am 10. Mai 2001 neuerlich die Volksbank.

Das organisierte Vorgehen der Täter führte zu einer konzentrierten Überwachung der Bankinstitute durch Kräfte der Polizei. Diese Überwachung führte zu einem Erfolg, der in Europa einzigartig war. Die Täter hatten monatelang in Deutschland agiert, ohne erwischt zu werden. Am 10. Mai 2001 konnten drei der Täter in Wien und einige Zeit später ein weiterer in Innsbruck festgenommen werden. Alle stammten aus Tallinn. Die Täter wurden im Landesgericht für Strafsachen Wien eingeliefert und zu mehrjährigen Haftstrafen verurteilt.

Der Erfolg der Wiener Polizei, im Besonderen des Sicherheitsbüros, das die Maßnahmen unter der Leitung von Mag. Manfred Rossler strategisch geplant hatte, beendete die Serie von Banküberfällen.

Ein Überwachungsfoto hat einen der estnischen Bankräuber festgehalten.

OPERATION „EASY"

Der Wiener Drogenmarkt wurde um das Jahr 2000 immer mehr von schwarzafrikanischen Drogenhändlern versorgt. Im Juli 2001 war es so weit, dass etwa 70 Prozent der offenen Drogenszene von nigerianischen Tätergruppierungen beherrscht wurden.

Die polizeilichen Gegenmaßnahmen, vorwiegend Schwerpunktaktionen, koordinierte Suchtgiftstreifen und Ermittlungen gegen kriminell organisierte, international agierende Tätergruppen, führten zur Operation „Easy". Grundlage dafür war eine Amtshandlung des Bezirkspolizeikommissariats Favoriten, bei der vier Schwarzafrikaner festgenommen worden waren. In der Folge konnten ein österreichisches Netzwerk mit Schwerpunkten in Wien, Graz und Linz sowie internationale Verflechtungen mit den Niederlanden, Deutschland, Schweiz, Spanien, Italien und Schweden ermittelt werden. Der Markt wurde wöchentlich mit harten Drogen im Kilobereich versorgt. Der Erlös der Drogenkuriere lag im mehrstelligen Millionenbereich.

Zahlreiche Täter wurden im Zuge der nationalen und internationalen Polizeikooperation festgenommen, was zu zahlreichen Verurteilungen durch die zuständigen Gerichte führte. Den Löwenanteil der Arbeit hatten das Landesgericht für Strafsachen Wien sowie der Jugendgerichtshof Wien zu erledigen.

Nach Suchtgift-Krisengipfel folgen jetzt zahlreiche Maßnahmen

Harte Zeiten für alle Drogendealer

Ab sofort täglich Polizeieinsätze bis zum Jahresende

Ein Medienbericht aus der „Bezirkszeitung Brigittenau" aus dem Jahr 2001.

EIN GRAUSIGER LEICHENFUND

Am 15. April 1958, gegen 9.10 Uhr, machte der Wachposten beim Denkmal des russischen Soldaten am Schwarzenbergplatz in Wien eine grausige Entdeckung. Bei der Wachablöse hatte der Vorgänger noch gemeldet: „Alles in Ordnung, keine besonderen Vorkommnisse." Nun war nicht alles in Ordnung. Inspektor Bertl fand zuerst in der Erde vergrabene Damenbekleidungsstücke und danach die Leiche eines nackten Mädchens, die teilweise mit Erde bedeckt war. Vom Wachzimmer Lisztgasse aus gab der Inspektor Mordalarm. Die Mordkommission des Sicherheitsbüros traf ein, ebenso die Gerichtsmediziner Professor Dr. Schwarzacher und Dozent Dr. Bolz, weiters kamen der Journalrichter und der Journalstaatsanwalt. Nachdem die Leiche freigelegt worden war, untersuchten die Gerichtsmediziner sie und ließen sie dann ins Institut für Gerichtliche Medizin überstellen.

Inspektor Bertl erinnerte sich an einen Strotter, der sich beim Denkmal herumgetrieben hatte. Diese Information gab er den Kriminalbeamten des Sicherheitsbüros weiter. Der Mann befand sich tatsächlich noch in der Nähe des Denkmals. Er wurde angehalten. Kurze Zeit später wusste man um die Identität des Mädchens und des Strotters Bescheid. Bei der Leiche handelte es sich um die 21 Jahre alte Tochter eines Politikers, Stenotypistin, die nebenbei eine internationale Mannequinschule besuchte. Bei dem Strotter handelte es sich um einen 30-jährigen Wiener, der der Polizei bestens bekannt war. Er hatte etliche Vorstrafen wegen Einbruchs, Betrugs, Veruntreuung, aber auch wegen eines Sexualdelikts. Aber war er auch der Mörder?

Die Ermittlungen liefen auf Hochtouren. Viele Indizien sprachen für die Täterschaft des Strotters: Tatortnähe, ein Fußabdruck, Samenflecken auf seiner Unterhose, ein Ohrgehänge an dem Ort, wo er sich aufgehalten hatte, der Fundort von Strümpfen auf seinem Weg. Zudem passte der Biss, der auf der Brust des Opfers gesichert worden war, zu einem Abdruck des Gebisses des potenziellen Täters.

Was war der Hintergrund der Tat? War es ein Raubmord? Immerhin war die Handtasche leer. Die Gerichtsmediziner verneinten die Frage nach dem Sexualverkehr, allerdings hatten Angriffe gegen die Geschlechtsteile stattgefunden. Die junge Frau war den Erstickungstod gestorben.

Im Geschworenenprozess in Wien kam es zu einem denkbar knappen Ergebnis bei der Mordfrage: vier zu vier. Gassner wurde angesichts der Zweifel freigesprochen.

1962 starb ein anderer Mann, bei dem ein Schuh des Opfers gefunden wurde – war er der Täter?

Am 30. Jänner 2002 teilte der Journalist Ernst Bieber von der Tageszeitung „Kurier" mit, dass er eine vertrauliche Information erhalten habe, nach der die Ermordung der

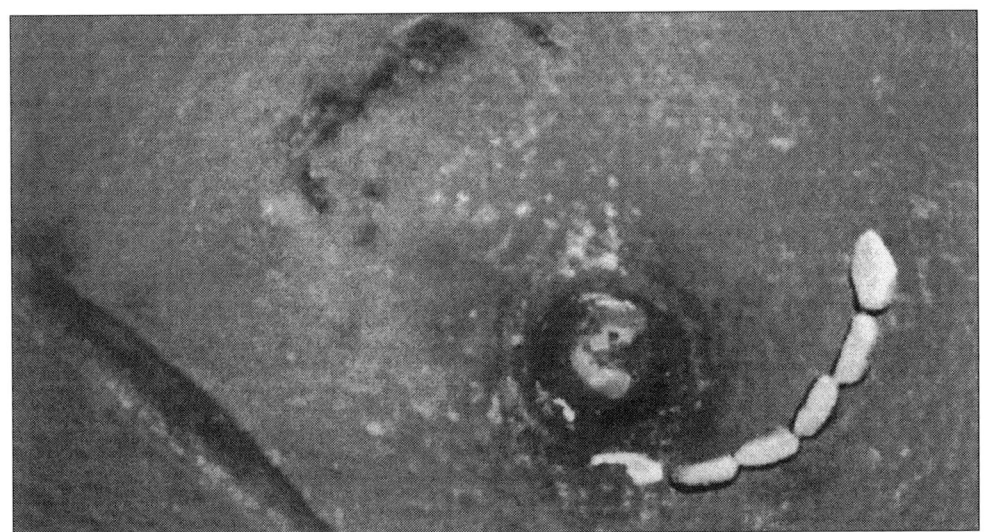

Der Sachbeweis von Professor Brüschweiler führte zur Aufklärung des Mordes.

Mannequinschülerin aufgeklärt werden könne. In der Lokalredaktion des „Kurier" hatte sich eine Frau gemeldet, die behauptete, dass ihr verstorbener geschiedener Gatte der Mörder der jungen Frau gewesen sei.

Die Ermittlungen wurden vom Sicherheitsbüro unter Leitung von Vorstand Mag. Max Edelbacher und der Gruppe Unger übernommen. Sie gestalteten sich schwierig, da der alte Akt vom Landesgericht für Strafsachen Wien erst beschafft werden musste und keiner der damaligen Ermittler mehr lebte. Nach Überprüfung aller Angaben, Durcharbeitung des Aktenmaterials, Prüfung der gerichtsmedizinischen Gutachten in Zusammenarbeit mit dem Vorstand Univ.-Prof. Dr. Eduard Bauer, Rekonstruktion des Tatablaufs und Einvernahme der noch lebenden Auskunftspersonen konnte mit an Sicherheit grenzender Wahrscheinlichkeit angenommen werden, dass der verstorbene Gatte als Mörder nicht infrage kam. Vor allem die Behauptungen, dass die junge Frau „im Blut gelegen" und massiv missbraucht worden sei, entsprachen nicht den tatsächlichen Tatvorgängen.

Auch die Wiener Polizeijuristen zeigten bei den Schulungen für Sicherheitsreferenten großes Interesse an dem Fall. Besonders engagierte sich Oberrat Mag. Branka vom Bezirkspolizeikommissariat Floridsdorf, der neuerlich alle Unterlagen zusammentrug. So berücksichtigte er nicht nur den alten Gerichtsakt, sondern auch die Überprüfung des Jahres 2002 und die Arbeit von Univ.-Prof. Dr. Hochmeister, der über das Schweizer Institut seines Kollegen Brüschweiler aus Bern eindeutig nachvollziehen konnte, dass das Zahnschema des Strotters, der Bissverletzung zuzuordnen ist. Mit modernsten medizinischen Methoden konnte so endlich der Nachweis der Täterschaft des Strotters erbracht werden.

EINE REICHE WITWE

Es war 2001 bzw. 2002 noch nicht allgemein bekannt, dass das Sicherheitsbüro, die damals größte Kriminaldienststelle Österreichs, geschlossen werden sollte, als eine Anzeige beim Vorstand erstattet wurde, die einen enormen Ermittlungsaufwand bedeutete. Im Zuge der Überprüfungen und Sachverhaltserhebungen sollte sich herausstellen, dass zwei Brüder, deren beruflicher Status dies nicht erwarten hätte lassen, eine ältere Dame um etwa 70 Millionen Schilling (ca. 5,2 Millionen Euro) geschädigt hatten.

Die ersten Informationen lauteten in etwa folgendermaßen: „Am heutigen Tag wurde mitgeteilt, dass ein Mann, persönliche Daten bekannt, sich zum Nachteil der älteren Dame, wohnhaft in Klosterneuburg, um beachtliche Werte bereichert haben soll. Die ältere Dame war nach dem Tod ihres Gatten dessen Alleinerbin geworden. Der Ehegatte war sehr vermögend gewesen und unter anderem Inhaber unterschiedlicher Firmen, alle mit Sitz in Vaduz/Liechtenstein. Die Villa in Klosterneuburg hat allein etwa einen Wert von zehn Millionen Schilling. Darüber hinaus waren und sind Bilder vorhanden, die ebenfalls mehrere Millionen Schilling Wert sind. Es müssten insgesamt Vermögenswerte von mindestens 55 Millionen Schilling vorhanden gewesen sein.

Seit 1995 ist die Witwe permanent krank. Sie leidet vor allem an Demenz. Diese Situation nützte der Verdächtige aus. Unter dem Vorwand, sich um die ältere Dame zu kümmern und sie zu pflegen, hat er, der die Witwe schon lange kennt, Zugang zu ihrem Haus, zu Vermögen und Konten erlangt. Seit 1996 hat die ältere Dame dreizehn Spitalsaufenthalte absolviert und wurde offensichtlich in dieser Zeit um Vermögen im Wert von wahrscheinlich fünfzig Millionen Schilling, vielleicht sogar noch mehr, gebracht. Auch der Bruder des Verdächtigen hat bei der ‚Betreuung' de Witwe ‚mitgeholfen'.

Wenn man das Haus aufsucht, fällt auf, dass im oberen Stock Bilder fehlen. Dazu ist zu bemerken, dass die Besitzer der Villa eine umfangreiche Bildersammlung niederländischer, italienischer und französischer Meister besessen haben. Es fehlen 21 Bilder, deren Wert derzeit nicht bekannt ist. Von den Bildern ließ man Expertisen von Sachverständigen des Dorotheums in Wien anfertigen. Die Bilder, die offenbar gestohlen wurden, haben sicher einen Wert von mehreren Millionen Schilling. Ebenso fehlt der gesamte Schmuck der Witwe im Wert von mehreren Millionen Schilling. Laut vertraulicher Mitteilung muss auch umfangreiches Vermögen vorhanden gewesen sein: Bargeld, Sparbücher, Wertpapiere, Lebensversicherungen und Geld auf Konten in einem Ausmaß von mindestens vierzig, wahrscheinlich aber sogar in der Höhe von fünfzig bis sechzig Millionen Schilling. Nachforschungen bei Banken und Versicherungen müssten Hinweise auf frühere Konten, Aktivbestände und Vermögenswerte ergeben.

Der Verdächtige hat sich am 5. Juli 2000 die Villa in Klosterneuburg von der Witwe ‚schenken' lassen. Als der Diebstahls-Untreue- und Veruntreuungsverdacht bekannt wurde, war die Witwe in einem schwer verwahrlosten Zustand. Obwohl behauptet wurde, dass sich der Verdächtige um sie kümmern würde, waren sowohl die kranke Frau als auch das Haus in Klosterneuburg in einem denkbar schlechten Zustand. Die grob fahrlässige Vernachlässigung der Pflege hätte den baldigen Tod der Betroffenen bewirkt."

In enger Zusammenarbeit mit der Staatsanwaltschaft Wien und dem Untersuchungsrichter, den es damals noch gab, wurden über 30 Kontoöffnungsbeschlüsse, Geldstromanalysen, Prüfungen der Buchhaltung sowie der Ein- und Ausgaben vorgenommen und konnten umfangreiche Indizien gesammelt werden, die eine schlüssige Beweiskette ergaben. Die Einvernahme des Hauptverdächtigen führte zu einem Teilgeständnis. Immer wieder versuchte er sich aber auf Erinnerungslücken zu berufen. Er hatte ein aufwendiges Hobby: Als Präsident eines in Österreich sehr bekannten Sportklubs förderte er kommende Spitzensportler.

Im Strafverfahren wurde der Bruder des Hauptverdächtigen zu drei Jahren, davon zwei bedingt, vorläufig verurteilt. Dem Hauptverdächtigen gelang es, sich hinter einem Gutachten zu verbarrikadieren, das ihm Verhandlungs- und Haftunfähigkeit attestierte. Bei einem großen Sportwettkampf im Jahr 2008 konnte im Zuge einer Observation jedoch festgestellt werden, dass er keinesfalls an einer Krankheit litt, sondern einen höchst agilen Eindruck machte. Aber auch der diesbezügliche Bericht konnte Gericht und Sachverständige offensichtlich nicht überzeugen, da das Verfahren weiterhin ruhte.

Der unabhängige Journalist Johann Skocek nahm sich der Angelegenheit im November 2011 und April 2012 an und verfasste zwei Artikel, wobei er in der zweiten Veröffentlichung über eine parlamentarische Anfrage berichtete, wonach von besagtem Sportklub rund 21.000 Euro an mutmaßlich unrechtmäßig bezogenem Geld zurückgefordert wurden. Die Artikel wie auch die Anfrage erbrachten jedoch keinen Durchbruch.

Es bleibt die Frage, wie es um die Rechtsstaatlichkeit in Österreich wohl bestellt sein muss, wenn es Betrügern gelingt, sich auf gleiche Weise gegenüber der Justiz durchzusetzen wie sie Opfer hinters Licht führen. Das kann das Vertrauen in das Recht wohl nicht stärken.

DOPPELMORD AN CHINESINNEN IN FAVORITEN

Zwischen dem 5. und 7. Jänner 2002 wurden in einer Wohnung in Wien 10 zwei 32 und 24 Jahre alte Chinesinnen getötet. Eine starb durch Erdrosseln und einen Schlag auf den Kopf, die andere durch Erwürgen.

Aufgrund der spektakulären Tat übernahm die Mordkommission des Sicherheitsbüros, Gruppe Kucera, die Ermittlungen. Die Wohnung und die Körper der Opfer wurden auf daktyloskopische und biologische Spuren untersucht. Die Untersuchungen der Tatortgruppe III des Büros für Erkennungsdienst und Kriminaltechnik erbrachten auswertbare Spuren. Als tatverdächtig wurde der Freund des einen Opfers ermittelt.

Über das Landesgericht für Strafsachen Wien wurde ein internationaler Haftbefehl erwirkt und die Fahndung aktiviert. Auch einen Aufruf in der Fernsehsendung „Aktenzeichen XY ungelöst", die am 18. Jänner 2002 ausgestrahlt wurde, hatte man veranlasst. Am 5. März wurde in Wien 2 aus der Donau, im Staubereich des Kraftwerks Freudenau, die Leiche eines unbekannten Asiaten geborgen.

Der DNA-Vergleich erbrachte den Nachweis, dass es sich um den Tatverdächtigen handelte. Persönliche Motive, wie Streit um Geld, könnten die Ursache für die Morde gewesen sein. Der Tatverdächtige war in seinen Kreisen als Spieler bekannt.

Polizisten transportieren die Leichen der ermordeten Chinesinnen ab.

GEISELNAHME AM BAHNHOF WIEN MEIDLING

Am 24. August 2002, gegen 17.10 Uhr, kam es in einem Café im Bereich des Bahnhofs Wien Meidling in Wien 12 zu einer Geiselnahme. Wegen des spektakulären Geschehens übernahm die Verhandlungsgruppe des Sicherheitsbüros die Amtshandlung.

Es konnte festgestellt werden, dass ein 34 Jahre alter Mann, wohnhaft in Meidling, im Café mit einer Waffe hantierte. Er suchte dort Männer, die seine Freundin, laut deren Angaben, sexuell belästigt hatten, um sie zur Rede zustellen. Während der Auseinandersetzung gab er zwei Schüsse ab. Die Polizei wurde verständigt und als der 34-Jährige das Eintreffen der Einsatzkräfte bemerkte, nahm er einen Bediensteten der Österreichischen Bundesbahnen als Geisel. Der Täter verschanzte sich in einem Raum, der in unmittelbarer Nähe zum Café lag. Er drohte ein Massaker an, wenn er nicht bald ein Bier bekomme.

In der Folge sprach der Täter mit seiner Freundin, die Hintergründe zur Tat klärten sich auf. Aufgrund geschickter Verhandlungsführung gab der Täter nach mehreren Stunden auf.

Der Polizeieinsatz erregte großes Aufsehen. Seitens der Polizei waren alle Spitzenkräfte anwesend. Der Täter wurde ins Landesgericht für Strafsachen Wien eingeliefert.

Eine spektakuläre Geiselnahme ereignete sich am Bahnhof Wien Meidling.

SPORTLER AUF ABWEGEN

Die Kriminalbeamten des Sicherheitsbüros, Referat Bekämpfung des Menschenhandels und der Prostitution, erhielten Anfang 2002 die Information, dass ein berühmter österreichischer Sportler mit dem Menschenhandel in Zusammenhang stehen sollte.

Diese erste Information führte zu massiven strafprozessualen Maßnahmen und erbrachte den Beweis, dass der Verdächtige tatsächlich Frauen aus Osteuropa an Wiener Bars vermittelte. Hinzu kamen Hinweise, dass ein Einbruchsdiebstahl in das Haus des Sportlers in Wien 10 fingiert gewesen sein soll, um die Versicherung zu betrügen. Seitens der betroffenen Versicherungsgesellschaft wurde jedoch keine Anzeige erstattet, und auch die Überprüfung durch die Kriminalbeamten des Betrugsreferats des Sicherheitsbüros ergab keine konkreten Anhaltspunkte für einen Betrugsverdacht. Der Verdächtige bestritt auch jeglichen Verdacht in dieser Sache. Für den erwiesenen Mädchenhandel wurde er vom Landesgericht für Strafsachen Wien zu einer Haftstrafe verurteilt.

Am 12. Jänner 2005 erschien in der „Kronen Zeitung" die überraschende Mitteilung, dass der Sportler neuerlich wegen Verdachts des Menschenhandels festgenommen worden sei. Er wurde vom Landesgericht für Strafsachen Wien wegen des Verdachts, ab März 2004 mehrere Mädchen aus Litauen und Rumänien nach Österreich vermittelt zu haben, festgenommen.

Die Festnahme führte die Gruppe Heider der Kriminaldirektion 1 durch, die bereits vor Jahren die erste Festnahme des prominenten Verdächtigen vollzogen hatte. Das anschließende Verfahren beim Landesgericht für Strafsachen Wien endete für alle überraschend ohne Verurteilung.

Ein weiteres Verfahren wegen Verdachts der Erpressung war bei Gericht anhängig. Im August 2006 wurden acht Jahre Haft verhängt.

FRAUENLEICHE IN SIEBEN SÄCKEN

Mit Oktober 2002 trat ich meinen Dienst im neu gegründeten Kriminalkommissariat Süd an. Das war eine Folge der Umstrukturierung der Polizei in Wien. Die uniformierte Polizei wurde auf insgesamt 14 Standorte, die Kriminalpolizei auf sechs Standorte zentralisiert. Zum Zuständigkeitsbereich des neuen Kriminalkommissariats Süd gehörten Favoriten, Meidling, Hietzing und Liesing. 2005, quasi als Belohnung, wurde unser Zuständigkeitsbereich auf Simmering erweitert.

Eine schreckliche vorweihnachtliche Überraschung erlebten wir am 22. Dezember 2002, um 9.15 Uhr, im Journaldienst des Kriminalkommissariats Süd in Wien 10, Van-der-Nüll-Gasse 11: Ein 20-Jähriger Mann aus Favoriten erschien in Begleitung seiner Eltern und gab an, dass er seine Freundin, 25 Jahre alt, in deren Wohnung in Wien 3 getötet habe. Die Leiche der Frau hatte er anschließend zerteilt, auf sieben Müllsäcke verteilt und im Kofferraum des Wagens seines Vaters verstaut. Das Fahrzeug stellte der Täter auf dem Parkplatz vor dem Kaiser-Franz-Josef-Spital in Wien 10 ab.

Aufgrund der Angaben des Verdächtigen wurde sofort eine Nachschau auf dem Parkplatz durchgeführt und die Leiche der jungen Frau gefunden. Die Kriminalbeamten der Gruppe Chefinspektor Petz leiteten Ermittlungen ein, die Kriminalbeamten Bezirksinspektoren Hofmeister und Kerschbaum konnten bei der Einvernahme die Details der Tat nachvollziehen. Die gerichtsmedizinischen Ergebnisse sowie die Tatrekonstruktion ergaben abweichende Indizien zu den Angaben des Verdächtigen. Der Verdächtige wurde in das Gefangenenhaus des Jugendgerichtshofs Wien eingeliefert. Die Verurteilung des Täters erging vom Landesgericht für Strafsachen Wien.

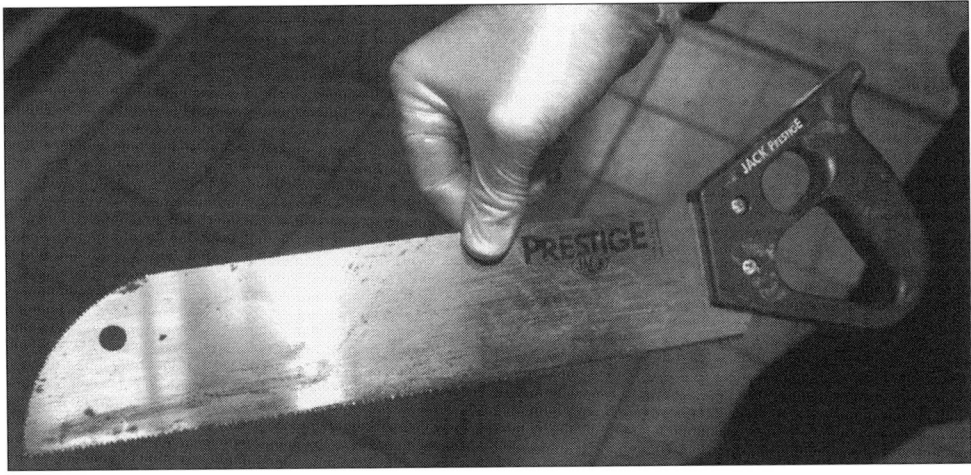

Mit dieser Säge zerstückelte ein junger Mann die Leiche seiner Freundin.

WURDE WIEN ZU CHICAGO?

Am 19. Februar 2003 kam es gegen 15.00 Uhr in Wien 10 zu einem Schusswechsel. Dem ersten äußeren Anschein nach hatte eine Auseinandersetzung unter Mafiaangehörigen stattgefunden: In einem Citroen XM befanden sich zwei Tote, eine Frau und ein Mann, vor dem Auto lag ein toter junger Mann und gegenüber dem Fahrzeug mit den drei Toten lag ein Mann in dunklem Anzug mit weißem Smokinghemd und weißem langem Schal in einer riesigen Blutlache. Neben diesem Mann lagen eine Maschinenpistole und eine Pistole. Dieses Bild wurde durch Zeugen bestärkt, die aussagten, dass der Mann in dem dunklen Anzug auf das Auto mit den drei Insassen gewartet und beim Herankommen das Feuer aus der Maschinenpistole eröffnet habe. Aus dem Auto sei zurückgeschossen worden. Der Lenker des Fahrzeugs hatte versucht zu wenden und zu flüchten.

Die Tatorterhebungen ergaben, dass 19 Schüsse abgegeben worden waren. Die Kriminaldirektion 1 übernahm die Amtshandlung. Es stellte sich heraus, dass der Mann im dunklen Anzug eine mehrjährige Partnerschaft mit der getöteten Frau gehabt hatte. Als sie ihn verließ und zu einem neuen Freund zog, drehte er durch. Er wartete auf die ehemalige Freundin, deren Sohn und deren neuen Freund und begann zu schießen. Nachdem er alle drei getötet hatte, verübte er Selbstmord. Die Ursache für den blutigen Tatort in Favoriten war also nicht eine Mafiageschichte, sondern wie so oft Eifersucht.

„U-Express" berichtete am 20. Februar 2003 vom Morddrama.

ADELIGER ALS SUCHTGIFTHÄNDLER

Die Kriminalbeamten der Gruppe Langegger des Kriminalkommissariats Süd bekamen im August 2003 einen Hinweis auf einen international tätigen Suchgiftring. Nach entsprechenden Ermittlungen und Observationen konnte eine österreichische Tätergruppe ausgeforscht werden, deren prominentester Verdächtiger Mitglied einer adeligen Familie war. Bei einer Hausdurchsuchung in der Gärtnerei des Familienschlosses in Niederösterreich konnten über 30 Kilogramm Haschisch und Marihuana im Einkaufswert von etwa 84.000 Euro, geringere Mengen Kokain, 11.795 Euro Bargeld, eine Suchtgiftwaage und zwei Mobiltelefone, über die Verkaufsgespräche geführt worden waren, sichergestellt werden.

Der Hauptverdächtige agierte hauptberuflich als selbstständiger Veranstalter und hatte im Juli 2002 anlässlich eines Urlaubs in Australien eine „Suchtgiftverbindung" zu Holländern in Amsterdam aufgebaut. Ab Mitte 2003 wurde regelmäßig Suchtgift in einem Kleinlastkraftwagen mit niederländischem Kennzeichen nach Wien geliefert. Der letzte bekannte Transport wurde vor einem Baumarkt in Wien-Favoriten beobachtet, und so konnte die Spur zum Suchtgiftversteck und zu den Hintermännern aufgenommen werden. Mehrere Verdächtige wurden in das Landesgericht für Strafsachen Wien eingeliefert. Die Verfahren wurden mit Urteilen rechtskräftig abgeschlossen.

Ein Drogenfund.

CAUSA „SALIERA"

Das Kunsthistorische Museum in Wien ist weltberühmt für seine Sammlungen. Am 11. Mai 2003, gegen 3.55 Uhr, stieg ein „Klettermaxe" über ein Baugerüst in das Museum ein. Der Täter stahl die unschätzbare (laut Angaben eines Mitarbeiters des Museums etwa 50 Millionen Euro teure) „Saliera"-Skulptur von Benvenuto Cellini.

Der Tatzeitraum war günstig gewählt, da vom 10. auf den 11. Mai 2003 die Lange Nacht der Museen stattfand. Der Bewachungsdienst, der eigens zum Schutz der wertvollen Sammlungen eingerichtet worden war, hatte zwar einen Alarm wahrgenommen, aber offensichtlich nicht reagiert. Etliche Widersprüche wurden im Zuge der Ermittlungen durch die Kriminaldirektion 1 aufgedeckt. Viele sachkundige Experten stritten, ob „Insiderwissen" eine Rolle bei diesem Diebstahl gespielt hatte. Auch die internationale Dimension konnte nicht umfassend eingeschätzt werden.

Die Rückgabe der Skulptur wurde vom bis dahin unbekannten Täter per Schreiben und „Beweis des Besitzes" angeboten, aber es kam zu keiner Übergabe. 2003 konnte niemand ahnen, welche Wendung die Causa „Saliera" drei Jahre später nehmen würde.

Als der zunächst noch unbekannte Erpresser zehn Millionen Euro für die Rückgabe des gestohlenen Salzfasses forderte und man auf diese Forderung einging, scheiterte die Übergabe des Geldes. Der Täter führte die Polizei an der Nase herum und es war zu befürchten, dass die „Saliera", wie angedroht, zerstört werden würde. Aber am Sonntag,

Eines der Beweisfotos vom Versteck.

dem 22. Jänner 2006, war es dann so weit: Unter dem Druck der Medien wurde ein bis dahin zurückgehaltenes Foto des vermutlichen Täters veröffentlicht, der sich daraufhin bei der Kriminaldirektion 1, Gruppe Pripfl, stellte. Unter der geschickten Arbeit der Spezialisten der Kriminalhochburg gelang es, den Verdächtigen zu einem Geständnis zu bewegen. Er nannte den Ort Brand in der Nähe von Zwettl, wo sich das Versteck der „Saliera" tatsächlich befand. Dem Direktor des Kunsthistorischen Museums, Dr. Seipel, fiel ein „riesengroßer Stein" vom Herzen, als er die „Saliera" in nur leicht beschädigtem Zustand zurückerhielt. Das Kunstwerk war zwischen 1540 und 1543 im Auftrag von König Franz I. von Frankreich entstanden.

Die Erkundung des Täterprofils gestaltete sich als äußerst spannend. Der Täter war offensichtlich vom „biederen" Sicherheitsexperten zum „Meisterdieb" mutiert, den angeblich die „mangelhaften Sicherheitskriterien" zur Tat verleiteten. Er wurde dem zuständigen Gericht überstellt, ihm drohten bis zu zehn Jahre Haft wegen Diebstahls und Erpressung. In den Medien entbrannte derweil die Diskussion über die Sicherheit in Museen.

Der Dieb wurde vom Landesgericht für Strafsachen Wien zu einer vierjährigen Haftstrafe verurteilt, die die Staatsanwaltschaft aus formalrechtlichen Gründen als unrichtig ansah, denn die versuchte Erpressung war nicht berücksichtigt worden. Im Juni 2007 revidierte der Oberste Gerichtshof den Schuldspruch und das Strafausmaß. Der Täter wurde zu fünf Jahren Haft verurteilt.

Offen bleibt die Frage, wie der Diebstahl der „Saliera" tatsächlich erfolgte. Eine Besichtigung des Tatorts ließ Zweifel an der Version des Täters aufkommen. Durch das Fenster kamen bei der Tatrekonstruktion nicht einmal die schlanksten WEGA-Beamten.

Das Kunstwerk nach Sicherstellung.

HUND DES TÄTERS LÄUFT ZUM OPFER ÜBER

Am 16. September 2003 wurde eine 83-jährige Frau aus Wien-Favoriten beim Beheben eines Bargeldbetrags in einer Bank offensichtlich beobachtet und kurze Zeit später durch Gewaltanwendung mittels Schlägen ihrer Handtasche beraubt.

Der zunächst unbekannte Täter konnte von Zeugen beobachtet und auf seiner Flucht verfolgt werden. Er wurde aufgrund der Zeugenaussagen ausgeforscht und konnte festgenommen werden.

Einer der Zeugen berichtete, dass der Täter während des Raubüberfalls in Begleitung seines Hundes war. Die Kriminalbeamten des Raubreferats des Kriminalkommissariats Süd erfuhren im Zuge der Einvernahmen und Ermittlungen, dass der Hund des Täters im Verlauf des Überfalls offensichtlich zum Opfer „übergelaufen" war.

Der Täter wurde vom Landesgericht für Strafsachen Wien angezeigt. Sein Hund konnte ihn offensichtlich nicht leiden.

„STAATSFEIND" IN BRASILIEN VERHAFTET

Ein Betrüger setzte sich vor mehr als zehn Jahren von Österreich nach Brasilien ab, weil er wegen Umsatzsteuerbetrugs und Steuerhinterziehung von der österreichischen Steuerbehörde gesucht wurde. Der Niederösterreicher hatte angeblich einen Schaden in Höhe von mindestens 70 Millionen Euro, also einer Milliarde Schilling, verursacht.

Laut eines Experten der Wirtschaftskammer bediente sich der Verdächtige dazu eines Scheinfirmengeflechts. Es wurden billige Waren, vorwiegend Parfumöle, eingekauft und als teure Parfumöle an einen Exporteur weiterverkauft. Die Waren liefen im Kreis, vom Kunden kassierte der Betrüger den Nettopreis plus Umsatzsteuer. Durch die Rückvergütung der Umsatzsteuer durch das Finanzamt agierte der Fiskus als Finanzier.

Am Mittwoch, dem 30. März 2005, wurde der Betrüger, der eine Brasilianerin geheiratet hatte, in Brasilien festgenommen.

Anlässlich der Auslieferungsverhandlungen fragten die Brasilianer an, ob auch Interesse an der Auslieferung eines Bankräubers, dessen Fall in diesem Buch auf Seite 33 beschrieben ist, bestünde – das war aber nicht der Fall, da das Verfahren ja bereits rechtskräftig abgeschlossen war. Laut gut informierten Quellen soll der einstige Bankräuber auch nicht mehr über viel Geld verfügen, was die damals geschädigte Versicherung interessiert hätte.

„Staatsfeind Nr. 1" in Brasilia verhaftet

Die Schlagzeile der „Salzburger Nachrichten" vom 1. April 2006.

LIEBESFALLE – TIEFSCHLAF STATT SEX

Am 16. Juni 2004 veröffentlichte die Raubgruppe des Kriminalkommissariats Süd eine Presseaussendung, weil die Kriminalbeamten mehrere Opfer ein und derselben Täterin auszuforschen versuchten, die sich ein Liebesabenteuer erwartet und stattdessen beraubt worden waren.

Die Kriminalisten fanden 50 Opfer, die der Verdächtigen in die „Sexfalle" gegangen waren. Die Slowakin hatte sich Lokale in Favoriten und Simmering als „Jagdrevier" ausgesucht, wo sie ab Mitte März 2004 ihre Opfer zu schnellem Sex überredete.

Die Männer wurden stattdessen jedoch mit einem starken Schlafmittel betäubt, das die Täterin in ein Getränk mischte. Derart außer Gefecht gesetzt, konnte die Täterin die Männer in aller Ruhe ausrauben. Insgesamt erbeutete sie auf diese Weise Wertgegenstände und Geld in der Höhe von 15.000 Euro.

Die Frau hatte sich in den Lokalen von den Männern einladen lassen und ging dann mit ihnen in deren Wohnungen. Sie konnte aufgrund der Lichtbildveröffentlichung ausgeforscht und festgenommen werden. Sie wurde in das Landesgericht für Strafsachen Wien eingeliefert und verurteilt.

Die Schlagzeile der „Salzburger Nachrichten" vom 16. Juni 2004.

TÖDLICHER STREIT IN SCHULE

Gewalt in Schulen ist Gegenstand vieler Diskussionen. Immer wieder gibt es Beschwerden von Lehrern, Eltern, aber auch von Schülern. Ein Streit in der Polytechnischen Schule in Wien-Währing am 15. September 2005, der tödlich endete, löste neuerlich eine Welle von Diskussionen aus. Nimmt die Gewalt in Schulen zu? Können die Lehrer der gewalttätigen Jugendlichen nicht mehr Herr werden? Der Gewerkschaftler Walter Riegler behauptete in einem Interview: „Es sind immer mehr Kinder bereit, Gewalt anzuwenden."

Die Richterin des Wiener Straflandesgerichts, Christa Schroll, sah dagegen keine gesteigerte Gewaltbereitschaft bei den Jugendlichen gegeben. Harald Aigner vom Schulpsychologischen Dienst in Wien pflichtete ihr in einem Interview, das im „Standard" vom 16. September 2005 erschien, bei. Dennoch blieb die Frage offen: Warum musste der 14-jährige Schüler sterben? Warum hatte der Täter ein Messer in die Schule mitgenommen? So etwas kannte man bis dahin nur aus Berichten aus den USA. Die Mutter des tatverdächtigen Schülers erklärte, dass ihr Sohn das Messer „gefunden" habe und die Tat ein Unglücksfall gewesen sei. Am 26. Jänner 2006 sprach das Strafgericht in Wien das Urteil: Das Gericht ortete bei dem 16-jährigen Täter „latente Gewaltbereit-schaft" und sprach sieben Jahre Haft für den Mord in der Schule aus.

Die Polytechnische Schule in Wien-Währing..

JAHRHUNDERTREFORM DER POLIZEI

Seit 1. Juli 2005 gibt es keine Gendarmerie mehr in Österreich. Die unter Bundesminister Dr. Strasser begonnene Reform wurde von Innenministerin Liese Prokop logisch fortgesetzt. Am 3. April 2005 wurden die neuen Führungskräfte, die neun Landespolizeikommandanten der Bundesländer, der Öffentlichkeit vorgestellt. Als Landeskommandanten wurden im Burgenland Nikolaus Koch, in Kärnten Wolfgang Rauchegger, in Niederösterreich Artur Reis, in Oberösterreich Ernst Holzinger, der frühere Generalinspektor der Wiener Sicherheitswache, in Salzburg Ernst Kröll, in der Steiermark Peter Klöbl, in Tirol Oskar Gallop, in Vorarlberg Manfred Bliem und in Wien der Leiter des Kriminalamts Wien, Mag. Roland Horngacher, bestellt. Ihre Aufgabe war, die Strukturen des Landespolizeien aufzubauen und mit Leben zu füllen – ein historischer Moment in der Geschichte der österreichischen Exekutive.

Die Polizeireform erlebte mit der Zusammenführung von Gendarmerie und Polizei ihren Höhepunkt. Was als großer Erfolg gefeiert wurde, schien aber in der Realität nicht so erlebt zu werden. Seit Beginn der Reformbestrebungen im Jahr 2000 hatte sich die Exekutive zunehmend mehr mit sich selbst als mit den Tätern und Opfern beschäftigt. Eine Facette war der Machtkampf um die neuen Führungspositionen, aus dem die Gendarmerieoffiziere als Sieger hervorgingen. Eine weitere Facette stellte die „Spaltung" von Exekutive und Behörde dar. Mag. Roland Horngacher wechselte von der Behörde zur Exekutive, erklärte, dass er mit den „Juristen" nicht zusammenarbeiten habe können, und wurde zum Landespolizeikommandanten in Wien bestellt. Die Folgen waren bald zu spüren. Ein Wettlauf um Macht und Einfluss startete zwischen dem Behördenvertreter und dem Landespolizeikommandanten. Im Februar 2007 wurden Horngacher vom Dienst suspendiert, und im Oktober am Straflandesgericht u.a. wegen Amtsmissbrauchs verurteilt.

Die Bestellung der Landespolizeikommandanten im „Kurier" von Montag, 4. April 2005.

BAWAG-AFFÄRE UND REFCO-SKANDAL

Bereits im November 2005 kündigte sich einer der größten Wirtschaftsskandale der Zweiten Republik an. In der sogenannten BAWAG-Affäre berichtete die Tageszeitung „Die Presse" am 12. November 2005 von Rücktritten, die sich ankündigten. Tatsächlich bestätigten sich diese Vermutungen, wie „Die Presse" in einem weiteren Artikel am 17. November 2005 berichtete, weil dem früheren BAWAG-Chef in „einer Nacht über 350 Millionen Euro verloren gingen". Bald steigerte sich dieser Betrag auf 700 Millionen Dollar, die vom Ex-Refco-Chef seitens der BAWAG eingefordert wurden. Bis zum Frühjahr 2006 wurde die ungeheuerliche Dimension von angeblichen Spekulationsgeschäften der BAWAG in der Karibik bekannt. Unter den verschiedensten Vorständen wurden nach vorsichtigen Angaben innerhalb von etwa zehn Jahren weit über drei Milliarden Euro zum Nachteil der BAWAG und deren Kunden „in den Sand" gesetzt. Eine besonders tragische Rolle spielten die Spitzen der Gewerkschaft in dieser Causa.

Die erstinstanzlichen Urteile wurden am 4. Juli 2008 am Landesgericht für Strafsachen Wien unter dem Vorsitz der Richterin Dr. Claudia Bandion-Ortner gefällt. Sie lauteten auf mehrjährige Haftstrafen für alle neun Angeklagten. Diese Urteile sind noch nicht rechtskräftig, da alle Beklagten Berufung eingelegt haben. Mittlerweile hat der Oberste Gerichtshof die Urteile sogar größtenteils aufgehoben und an die erste Instanz zur Neuverhandlung zurückverwiesen. Diese Verfahren sind im Laufen, ein Teilurteil erging 2012. Der Ausgang dieses neuen Verfahrens ist offen. Vor allem ist die Frage ungeklärt, ob tatsächlich der Gesamtbetrag „verzockt" wurde.

Zu bemerken ist, dass der Gründer des US-Brokerhauses Refco in den USA zu 16 Jahren Haft verurteilt wurde.

Der BAWAG-Prozess zeichnete ein Sittenbild des österreichischen Wirtschaftslebens, wie es nicht sein sollte. „Vertuschen und die eigenen Schäfchen ins Trockene bringen" waren typische Merkmale der handelnden Personen und ihrer Machenschaften.

LOHNT SICH VERBRECHEN?

Fast zeitgleich mit der Polizeireform der Jahre 2002 bis 2005 kam es zu einer massiven Veränderung in der Wiener Unterwelt, die es dann 2007 nicht mehr in der Form gab wie die Jahrzehnte zuvor. Mag sein, dass die neue Polizeistruktur diese Veränderungen sogar begünstigte, einerseits durch die Beschäftigung mit sich selbst, andererseits dadurch, dass die damals mächtigen Kriminalisten andere Prioritäten setzten. Auf jeden Fall stieg in dieser Zeit ein neuer Star unter den Unterweltbossen auf, ein gebürtiger Kroate, der wie ein Businessman auftrat, mehrsprachig, sportlich und asketisch in seinen Ess- und Trinkgewohnheiten, und sich zu einer dominanten Führungsfigur entwickelte.

Vor einigen Jahren schrieb der Journalist und Krimiautor Günther Zäuner ein Buch mit dem Titel „Verbrechen zahlt sich aus". Zur Buchpräsentation in einer Buchhandlung in Wien-Landstraße kam auch der Kroate, damals schon Chef der Wiener Unterwelt. Zäuner hatte ihm in seinem Buch ein Kapitel gewidmet. Wenn man die Schilderungen beider Seiten, die des Autor und die des Unterweltkönigs, addierte, musste man zum Schluss kommen: Verbrechen lohnt sich.

Der Kriminologe und Soziologe Arije Antinori aus Rom, der an der Sapienzia-Universität und an der italienischen Polizeiakademie unterrichtet, schildert in einem Kapitel des Buchs „Financial Crimes: A Threat to Global Security" (Finanzverbrechen: Eine Bedrohung der globalen Sicherheit), dass sich die italienischen Mafia-Gruppierungen immer stärker wirtschaftlich ausrichten. Gegner werden nicht mehr kaltblütig erschossen, sondern man versucht sie einzukaufen, mit materiellen Argumenten gefügig zu machen, zu überzeugen. Das funktioniert in der Regel sehr gut und man schickt nur mehr ausnahmsweise, wenn es „unbedingt notwendig" ist, einen Killer.

Die Grundthese in Bezug auf die Veränderung der organisierten Kriminalität ist die, dass man heutzutage Wirtschaftskriminalität und Korruption als Hauptbetätigungsfelder wählt und es für Polizei und Finanzbehörden immer schwieriger wird, legale von illegalen Geschäften zu unterscheiden. Organisierte Gruppierungen haben die Möglichkeit, beste Anwälte, Steuerberater, Wirtschaftsfachleute einzusetzen.

Betrachtet man die Vorgänge rund um die Korruptionsskandale, die Österreich derzeit erschüttern und zu einer parlamentarischen Untersuchung und etlichen Spezialermittlungen und Strafverfahren gegen höchst prominente Politiker und Wirtschaftsfachleute geführt haben, und sitzt man dann im Kino und sieht den Film „The Brussels Business" des Österreichers Friedrich Moser, in dem berichtet wird, wie 15.000 Lobbyisten in Brüssel und teilweise auch in Washington ihre Geschäfte führen, dann kommt man immer mehr zur Überzeugung: Kriminalität rechnet sich doch. Man kann nur hoffen, dass diese Befürchtungen nicht in dem Ausmaß eintreffen, wie sie derzeit zu erwarten sind.

FINANZKRISE ALS FOLGE VON FINANZKRIMINALITÄT?

Seit 2008 erholt sich Europa nicht von einer permanenten Finanzkrise. Es begann in den USA mit einer Immobilienkrise, die auf Europa übergriff und sich seither in einer Wirtschafts-, Euro-, Schulden- und Bankenkrise fortsetzt. Als Fachmann für Betrugsbekämpfung interessierte es mich, inwieweit Kriminalität zu diesem Phänomen beiträgt. Die Vorfälle rund um die BAWAG oder die Hypo-Alpe-Adria-Bank lassen ja schon in Österreich diesen Verdacht als berechtigt erscheinen.

Im Jahr 2010 fand eine Sicherheitstagung auf der Zugspitze/Deutschland statt, organisiert von der Sigmund Freud Privatuniversität Wien. Die Tagung beschäftigte sich mit dem Thema „Aktuelle Entwicklungen der Europäischen Sicherheitspolitik". Es ging darum, Systeme zu entwickeln, die uns in die Lage versetzen, die Menschen der Europäischen Union so früh wie möglich vor Katastrophen zu warnen. Hochwasser, Erdbeben, Lawinen und Energieausfälle waren wichtige Themen. Was aber verwunderte, war, dass niemand sich darüber Gedanken machte, ob nicht auch der Finanzsektor, also Banken, Versicherungen und Geldinstitute, ein besonders schützenswerter Bereich wäre.

Im privaten Gespräch äußerten mehrere Fachleute ähnliche Bedenken. Wir versuchten bei weiteren Tagungen der Vereinten Nationen in Wien, diese Thematik anzusprechen, und kamen zum Schluss: In Bezug auf den Finanzsektor wird keinerlei Vorsorge getroffen. Ergebnis unserer Überlegungen war das Buch „Inwieweit beeinträchtigt Finanzkriminalität die Sicherheit?"

Zwei Zitate seien hier angeführt: Wolfgang Hetzer, der Sicherheitsberater des Präsidenten der höchsten Antibetrugs- und Antikorruptionsbehörde in Europa (OLAF) erklärte: „Finanzkrisen sind keine Naturereignisse wie ein Tsunami. Banken und Regierungen bringen demokratische Gesellschaften an den Rand der Katastrophe. Sie passierte, weil sich grenzenlose Gier, Inkompetenz und Dummheit paarten. Ursachen der Finanzkrisen sind kriminelle Übervorteilung im Anlagengeschäft, asoziale Kreditpolitik und Korruption. (…) 700 Milliarden Dollar flossen in Bürgschaften zur Rettung angeschlagener Banken. 14 Millionen Amerikaner und 20 Millionen Europäer suchen Arbeit. Der Prozess der Finanzialisierung des Kapitalismus lässt die Sicherheitslage Europas in einem prekären Licht erscheinen." Thilo Sarrazin sprach am 4. Juli 2012 in Wien zum Thema „Der ewige Abstieg: Von Rettungsgipfel zu Rettungsgipfel". Wie kann man den Euro und die Europäische Gemeinschaft retten, wenn Europas Verschuldung rund 15 Billiarden Euro beträgt und dagegen nur fünf Billiarden an Guthaben stehen? Der Schluss: Das, was Politiker und Banker uns einzureden versuchen, ist einfach grob fahrlässig falsch. Wir zahlen für die Fehler der Banker und Politiker – unser Lohn wird Inflation und wirtschaftliche Destabilität sein. Ist deren Handeln aber dann nicht auch schon kriminell?

GUT VERNETZTER BOSCHAFTER

Österreich spielt immer wieder eine wichtige Rolle in den Beziehungen zu zentral-asiatischen Ländern. So rückte die österreichische Justiz im Juli 2011 in das Interesse von Viviane Reding, EU-Justizkommissarin, da für sie nicht ersichtlich war, wie die österreichische Justizpolitik im Ringen zwischen Wien und Astana um die Auslieferung des kasachischen Ex-Botschafters in Wien reagieren würde. Bei dem früheren Botschafter handelt es sich um eine sehr schillernde Persönlichkeit. Als studierter Arzt und Schwiegersohn des kasachischen Präsidenten Nursultan Nasarbajew hatte er eine ausgezeichnete Karriere vor sich. Im Jahr 2002 wurde er als Botschafter nach Wien gesandt, 2005 wurde er Vize-Außenminister seines Landes.

Die Wende in seinem Leben fällt zusammen mit der Entführung zweier Topmanager der kasachischen Nurbank am 18. Jänner 2007 und der mutmaßliche Verwicklung in einen weiteren Entführungsfall von zwei Bankern vom 31. Jänner 2007, die am 13. Mai 2011 tot in zwei Fässern aufgefunden wurden. Haupteigentümer der Nurbank war der Vize-Außenminister. Die Witwen der beiden Mordopfer erstatteten zunächst 2007 wegen Abgängigkeit Anzeige und informierten den kasachischen Staatschef in einem persönlichen Brief. Noch im Mai 2007 wurden Ermittlungen gegen den Vize-Außenminister in Kasachstan aufgenommen. Zu dieser Zeit agierte er als Botschafter Kasachstans in Österreich. Am 30. Mai 2007 setzte der Präsident Kasachstans ihn als Botschafter ab und die kasachische Justiz erließ einen Haftbefehl. Ein Auslieferungsantrag an Österreich wurde gestellt.

Am 17. Jänner 2008 kam es zu einer Verurteilung des Angeklagten in Kasachstan in Abwesenheit. Er wurde der Gründung einer mafiösen Vereinigung und der Planung eines Staatsstreiches vom Gericht für schuldig befunden und zu 20 Jahren Haft verurteilt. Die Tochter des Präsidenten und Gattin des Verurteilten ließ sich scheiden, Kasachstan verlangte seine Auslieferung. Das österreichische Justizministerium lehnte die Auslieferung mit der Begründung ab, dass europäische Menschenrechtsstandards in Kasachstan nicht gewährleistet seien. Das führte zu massiven diplomatischen Verstimmungen zwischen beiden Ländern. Als Ausweg aus dieser Situation entschied man sich, ein Strafverfahren gegen den Ex-Botschafter und seine Mittäter in Österreich zu eröffnen. Der Angeklagte hat sich jedoch mittlerweile nach Malta abgesetzt.

Die ganze Komplexität des Falles zeigen einerseits die politischen Netzwerke, die der Angeklagte zu den politischen Lagern in Österreich aufbaute, sowie die wirtschaftlichen Verflechtungen. Andererseits wird auch die Problematik des Nachweises von Geldwäsche, Veruntreuung, Betrug und organisierter Kriminalität, die offensichtlich vom Angeklagten ausgegangen sind, sichtbar. Der Ex-Botschafter bestreitet sämtliche Vorwürfe.

KORRUPTION IN ÖSTERREICH

Das Thema Korruption ist wahrscheinlich so alt wie die Menschheit selbst. Immer wieder stellt man fest, dass diejenigen, die etwas wollen, versuchen, sich jene, die über ihr Anliegen zu entscheiden haben, mit mehr oder weniger sauberen Mitteln geneigt zu machen. Die Kontrolle derartiger Vorgänge ist Aufgabe verschiedener staatlicher Institutionen wie Polizei, Justiz, Rechnungshof und Parlament. Trotzdem hat man international wie national den Eindruck, dass das Thema Korruption aktueller ist denn je.

Im Jahresbericht 2011 des Europäischen Amts zur Bekämpfung von Betrug und Korruption in Europa (OLAF) steht, dass 208 Berugsfälle abgeschlossen wurden. Insgesamt wurden 2011 691 Millionen Euro an EU-Förderungen zurückgefordert, das waren fast zehnmal mehr als im Jahr davor. Folglich verhängten die Justizbehörden der Mitgliedstaaten Haftstrafen von insgesamt 511 Jahren und Geldstrafen von 155 Millionen Euro. Das meiste Geld fließt derzeit widerrechtlich bei EU-Strukturhilfen, aber auch der Zoll an den Außengrenzen der EU und die Landwirtschaft haben mit Betrug zu tun. OLAF deckte auch Missstände innerhalb von EU-Institutionen auf. Als Beispiel wird im Jahresbericht eine EU-Agentur angeführt. Bei der Ausschreibung einer Personalstelle leitete ein hochrangiger Mitarbeiter die Unterlagen vorzeitig an einen befreundeten Bewerber weiter. Insgesamt erhielt OLAF im Jahr 2011 1.046 Informationen über mögliche Betrugs- und Korruptionsfälle. 463 Untersuchungsfälle blieben offen.

Was sich auf höchster Ebene in der Europäischen Union abspielt, trifft in ähnlicher Form auch auf Österreich zu. Laut Berichten von Transparency International fiel Österreich im Korruptionsindex vom elften auf den 16. Platz zurück.

Die kriminologische Forschungsgruppe des Bundeskriminalamtes Wiesbaden geht von folgender Begriffsdefinition aus: Korruption ist der Missbrauch eines öffentlichen Amtes, eines politischen Mandates oder einer Funktion in der Wirtschaft zugunsten eines anderen, begangen auf dessen Veranlassung oder aus Eigeninitiative zur Erlangung eines Vorteiles für sich oder einen Dritten, mit Eintritt oder in Erwartung des Eintritts eines Schadens oder Nachteils für die Allgemeinheit (in öffentlicher oder politischer Funktion) oder für ein Unternehmen (in wirtschaftlicher Funktion). Bei den Erscheinungsformen der Korruption unterscheidet die Literatur grundsätzlich drei Bereiche: politische Korruption, Korruption von Amtsträgern und Korruption im Privatwirtschaftsbereich.

Korruption ist kein wirklich neues Phänomen in Österreich. Latent ist sie immer vorhanden. Wie sonst wären die Skandale rund um Konsum, BAWAG, Libro, Meinl Bank, BUWOG, Hypo Alpe-Adria, Skylink, Telekom, Lobby-Gate, Eurofighter etc. möglich, wenn nicht eine enge Verquickung von Politik, Lobbyismus und Wirtschaft bestünde?

Die Heimat entdecken!

Von Kiel bis Wien,
von Aachen bis Görlitz:
Entdecken Sie Alltagsgeschichten
aus Ihrer Heimatstadt!

Leben in der Großstadt ...

Tauchen Sie ein in das quirlige Großstadtleben vergangener Tage. Spazieren Sie über breite Boulevards und stürzen Sie sich ins Nachtleben. Erkunden Sie ihre Stadt durch die Fensterscheiben einer Straßenbahn oder des ersten Käfers und bewundern Sie prächtig geschmückte Schaufenster.

... und ländliche Idylle

Wie sah das Leben in Ihrer Heimat aus, als die Bauern noch mit Pferden pflügten und jedes Dorf seinen eigenen Schmied hatte, jeder noch jeden kannte und das Leben sich zwischen Kirche, Wirtshaus und Wohnküche abspielte?

Erinnerungen an die Schulzeit …

Erinnern Sie sich noch an die Zeiten von Abakus und Schiefertafel, an Klassenausflüge oder den ersten Taschenrechner? Blicken Sie zurück auf große Klassen und gestrenge Schulmeister, entdecken Sie auf Klassenfotos Freunde und Bekannte von früher!

... und das Arbeitsleben

Entdecken Sie, wie sich das Arbeitsleben in den letzten hundert Jahren verändert hat. Werfen Sie einen Blick in Fabrikhallen, blicken Sie Handwerksmeistern bei ihrer Arbeit über die Schulter und erinnern Sie sich an den Einkauf im Tante-Emma-Laden.

www.suttonverlag.de

Gesellige Stunden im Verein …

Fußballclub und Schützenverein, Musikkapelle und Gesellenverein: Schauen Sie zurück auf Volksfeste und Turniere, Chorproben oder Prunksitzungen. Erinnern Sie sich an schöne Stunden und das gesellschaftliche Leben in Ihrer Heimat.

... und im Familienkreis

Werfen Sie einen Blick in die Wohnzimmer vergangener Tage und entdecken Sie, wie sich zwischen schweren Eichenmöbeln, Nierentischen und Ikea-Regalen der Alltag verändert hat. Erleben Sie Familienfeiern und Weihnachtsfeste im Wandel der Jahrzehnte mit.

www.suttonverlag.de

Zeitfracht Medien GmbH
Ferdinand-Jühlke-Straße 7
99095 Erfurt, Deutschland
produktsicherheit@kolibri360.de

Druck:
CPI Druckdienstleistungen GmbH
im Auftrag der
Zeitfracht Medien GmbH
Ein Unternehmen der Zeitfracht - Gruppe
Ferdinand-Jühlke-Str. 7
99095 Erfurt